CB077556

O EMISSÁRIO
Da Luz

Saara Nouisiainen

O EMISSÁRIO *Da Luz*

Aliança

1ª edição, dezembro/2013, do 1º ao 3º milheiro.

Título
O Emissário da Luz

Autor
Saara Nousiainen

Revisão
Antônio Roberto de Carvalho

Diagramação
Bárbara Francis Bugno Gomes

Capa
Bárbara Francis Bugno Gomes

Impressão
Vida & Consciencia Gráfica e Editora Ltda.

Ficha Catalográfica

Dados Internacionais de Catalogação na Publicação (CIP)
— Câmara Brasileira do Livro | SP | Brasil —

Nousiainen, Saara
O Emissário da Luz / Saara Nousiainen.
São Paulo: Editora Aliança, 2013.

ISBN: 978-85-8364-001-1

1. Espiritismo 2. Psicografia 3. Romance espírita I. Título.

13-12524 CDD-133.9

Índice para catálogo sistemático:

1. Romance Espírita psicografado : Espiritismo 133.9

Editora Aliança
Rua Major Diogo, 511 - Bela Vista - São Paulo - SP
CEP 01324-001 | Tel.:(11) 2105-2600 | Fax: (11) 2105-2626
www.editoraalianca.com.br | editora@editoraalianca.com.br

Sumário

CAPÍTULO 01

Dino

Dino não sabe há quanto tempo se encontra ali, sentado naquele banco. O silêncio que o cerca é medonho. Não há qualquer som que possa indicar que está vivo.

De repente, mais medonho do que o próprio silêncio, aqueles gritos voltam a ecoar em seus ouvidos: "Assassino"! "Pega o ladrão!", "Lá vai ele... ali... naquela escada...", "Pega o assassino!"

Depois, é uma voz feminina que pede: "Não, não atirem! É só um garoto... é quase uma criança!"

Outra voz, em tom inflexível, grita: "Que criança nada! É um assassino... é um drogado..."

E outras vozes se juntam àquela gritaria que lhe atravessa o cérebro, reverberando em todo o seu ser: "Lá está ele!!! Ali em cima... olha, naquela janela, ali..."

Um instante angustiante de silêncio e lá vêm as vozes novamente: "Será que ele vai pular?... Ele vai pular... vai pular... vai pular..."

Dino estremece violentamente. Ergue o rosto para o alto e, num grito incontido, pede: "Me ajuda, Senhor Deus... Não aguento mais. Sei que não mereço. Eu sou um lixo, pior que isso, eu sou..."

Um soluço substitui a palavra que ele não encontra para definir a si mesmo.

Nas lágrimas que descem pelo seu rosto, começam a surgir reflexos luminosos, numa tonalidade verde clara, maravilhosa; e uma sensação de paz, jamais sentida, vai penetrando suavemente em seu atormentado coração.

Dino abre os olhos e percebe que o local em que se encontra está agora iluminado. É uma praça como outra qualquer, com alguns canteiros floridos, várias árvores e arbustos, e dois ou três bancos de madeira.

O garoto esfrega os olhos que ardem e segura a cabeça com ambas as mãos, gemendo:

— Que dor na minha cabeça...

Uma voz serena, afetuosa, fala:

— Não tenha medo, garoto. Procure relaxar... Nós vamos te ajudar.

Dino abre os olhos e aos poucos vai percebendo a figura de um homem à sua frente. É alto e forte, tem os cabelos castanhos, levemente caracolados; na cabeça, traz uma faixa de tecido marrom toda bordada com símbolos estranhos nas cores verde e prata. Os símbolos bordados em verde emitem suave luminosidade. Veste uma espécie de roupão cinza claro, preso por uma faixa na cintura, idêntica à que traz na cabeça.

— Quem é o senhor? – pergunta Dino.

— Sou Gideão.

Sem saber o que dizer, Dino pede:

— Me dá um cigarro aí, tio.

— Não tenho cigarros, garoto... Não fumo.

Gideão sorri e fica olhando para o garoto por alguns instantes com uma expressão afetuosa. Dino, irritado, pergunta:

— Que é?... Que é que tá me olhando?

— Eu não tenho cigarros, garoto, mas vou te ajudar de outra forma.

— Não preciso de ajuda... Preciso mesmo é de... outra coisa.

Dino volta a segurar a cabeça entre as mãos, exclamando:

— Como é que não me lembro de nada?

Gideão se aproxima dele e coloca a mão sobre sua cabeça, dizendo:

— Procure se lembrar do que aconteceu.

Dino volta a ouvir as mesmas vozes que gritam: "Será que ele vai pular?... Ele vai pular... vai pular... vai pular...". Seu corpo estremece violentamente e seu rosto estampa uma expressão de profundo desespero. Olha, aflito, para Gideão e fala em tom de súplica:

— Eles vão me pegar!... Me ajuda, tio!

— Calma, garoto, calma. Ninguém vai te pegar. Veja, não tem ninguém aqui.

Dino olha em torno e vai se acalmando lentamente.

— Tudo isso, meu filho, está apenas na sua mente – explica Gideão, sentando-se no banco a seu lado.

— Mas eu apaguei uma dona... a polícia estava no meu pé... não me lembro...

— Eu sei, garoto, o choque foi muito forte. Mas estamos aqui para ajudá-lo.

— Me ajudar? Quem é o senhor? Quer me ajudar pra quê?

Gideão sorri. Fica olhando para Dino com expressão afetuosa e responde:

— Seu pai, o Otávio, é uma pessoa do bem. Como você sabe, ele realiza um magnífico trabalho de orientação a jovens sobre questões como o aborto, o suicídio e as drogas. As preces dele chegaram a planos muito elevados... Então nos enviaram para te ajudar.

Ao ouvir o nome do pai, Dino não consegue segurar as lágrimas. Gideão deixa que chore à vontade. Quando se acalma, o garoto diz, em tom choroso:

— Coitado do meu pai. Não merecia o que eu fiz com ele. Ele sempre foi pra mim pai e mãe... mas eu não dei valor, não obedeci quando queria me...

— Quando queria te afastar das drogas – completa Gideão.

Dino olha mais demoradamente para ele e sente que pode confiar. Respira fundo e continua:

— Eu não sei como entrei nessa das drogas, tio. Quando vi, não consegui mais parar... Meu pai tentou de tudo, mas o vício era mais forte.

— Sei como é isso, garoto. A droga é muito traiçoeira, e você, como não tinha dinheiro para comprar mais, resolveu assaltar. Conseguiu uma arma emprestada e... acabou matando aquela mulher.

A expressão do garoto se torna angustiada. Levanta-se de um pulo, dá uns passos como se fosse embora, mas volta e para diante de Gideão, exclamando:

— Foi acidente, tio. Eu não queria matar ninguém!

— Não se preocupe com isso agora, porque você ainda vai ter muitas oportunidades para resgatar seus erros.

Dino demonstra que não está entendendo. Gideão explica:

— Sei que seu pai lhe ensinou sobre reencarnação, ou seja, nós nascemos, vivemos, e chega um momento em que retornamos ao mundo espiritual, por meio da morte do corpo físico.

Dino sente vontade de dar uma resposta grosseira, mas se desarma ante a expressão de serena bondade de Gideão, que continua:

— Acontece que a maioria das pessoas, ao desencarnar, ou morrer, nem percebe o que lhes aconteceu. Elas acreditam que continuam vivas.

Olhando carinhosamente para Dino, conclui:

— Foi o que aconteceu com você meu filho, e isto, há quase dois anos.

Dino permanece por algum tempo olhando para Gideão com ar de espanto. Depois, fala, com raiva.

— Que conversa é essa, tio? Claro que eu não morri. Não estou aqui, vivinho da silva?

— É por isso que não usamos a palavra morrer, mas sim, desencarnar. Você não morreu porque ninguém morre. O Espírito é eterno. Nós dois estamos na dimensão espiritual... já morremos, entende? Eu, já faz muito tempo, e você... há perto de dois anos, quando caiu de cabeça, naquela perseguição policial.

Dino olha para Gideão, num misto de raiva e medo, e pergunta:

— Tá gozando com a minha cara, é?

— Não, meu filho, eu não estou brincando.

No auge da irritação, Dino exclama:

— Olha, aqui, ô... Eu caio de cabeça e é o senhor quem fica doido?

— Não precisa agredir assim, garoto. Eu só estou querendo ajudar, mas se você não quer...

Gideão levanta-se, fazendo menção de se afastar. Dino, muito assustado, pede:

— Não, tio, não vai embora! Eu tou com medo... Não sei o que tá acontecendo comigo... O senhor disse que eu morri...

Apontando para um homem que estava sentado em outro banco, folheando um jornal, Gideão pergunta:

— Quer uma prova do que eu disse? Vai até ali e diga alguma coisa para aquele homem. Ele não é um Espírito desencarnado, assim como nós.

Dino aproxima-se do homem e pede um cigarro. O homem não faz qualquer menção de tê-lo percebido, deixando o garoto cada vez mais confuso. Voltando para junto de Gideão, diz:

— O cara é surdo.

Um casal que caminha pela praça passa rente a eles, sem vê-los.

Com os olhos arregalados de espanto, Dino começa a se apalpar, murmurando:

— Quer dizer que eu morri mesmo... virei alma... assombração...

Com dificuldade, Gideão consegue controlar o riso, porque a cena é realmente muito engraçada. Explica:

— Não, meu filho, nós não somos assombrações. Somos apenas Espíritos.

Dino, cada vez mais apavorado, olha em torno como a procurar algo.

— Que é que você está procurando? – pergunta Gideão.

— Eu não estou vendo os olhos dela – responde Dino, quase sem voz.

— Os olhos dela? Quem é ela?...

— É a mulher que... eu apaguei...

Dino parece um pouco mais calmo, embora continue a olhar em volta, preocupado. Finalmente, desabafa:

— É que a dona Ritinha, uma velha que morava na minha rua, dizia que se um dia eu apagasse alguém e o defunto ficasse de olhos abertos, quando eu fosse para o inferno, ia ficar vendo aqueles olhos mortos, parados, me olhando o tempo todo. Para onde eu olhasse, só ia ver aqueles olhos parados... me olhando... E eu nunca ia saber se estavam me vendo ou não.

Gideão sorri paternalmente e, antes que possa dizer algo, Dino, novamente aflito, pergunta:

— Onde é que eu tou? Aqui não é o inferno...

— Inferno não existe, meu filho. Nós é que fazemos o nosso próprio inferno, quando infringimos as leis de Deus. Mas você não precisa se preocupar com isso agora. Aos poucos irá compreender muitas coisas. E, o que é melhor, vai ter novas chances, novas oportunidades para desfazer o mal que fez.

Gideão se concentra, como a enviar uma ordem mental, e logo aparecem dois enfermeiros trazendo uma padiola.

— Eles vão levá-lo a um hospital, onde vão cuidar de você – explica. — Agora, procure dormir.

Gideão pousa a mão na fronte de Dino, que logo adormece e é levado pelos enfermeiros.

CAPÍTULO 02

No submundo espiritual

No quartel-general do chefe Baruz, uma caverna no submundo espiritual, três Espíritos aguardam sua chegada. Estão registrados como MB-1, MB-2 e MB-3, dois homens e uma mulher. A sigla MB refere-se à Missão Besta 666, desencadeada pelo próprio Dragão, visando incrementar a produção de drogas ainda mais devastadoras e induzir cada vez mais jovens à sua utilização. Visa também à dinamização da sexualidade irresponsável e à prática do aborto, cujas energias servem como importantes fontes de nutrientes para ações do submundo espiritual.

Os MBs vestem-se com uma calça justa, preta; calçam uma espécie de sapatilha da mesma cor, que parecem bastante confortáveis; e, por cima de uma camisa cor de fogo, vestem uma capa com capuz de um tecido parecido com algodão, pintada, ou melhor, manchada com cores fortes, escuras, que lhes desce até os joelhos. Essa capa é godê, muito larga, e dos ombros para baixo é rasgada em tiras no sentido vertical, ligadas umas às outras por tirinhas coloridas. Assim, quando eles atuam em algum procedimento obsessivo, rodam a capa por sobre a pessoa visada, derramando sobre ela as energias próprias para o trabalho que está em andamento.

O local, em ambiente umbralino, ou seja, no submundo espiritual, foi adaptado para servir de quartel general ao chefe Baruz. Nos fundos, um grande globo terrestre gira lentamente, e uma luz, não muito forte, ilumina-o, mudando lentamente de cor: vermelho, roxo, azulão, verde escuro. Na parede lateral, há um mapa de uma grande cidade.

Os três MBs mal conseguem esconder o nervosismo, até que, finalmente, o chefe Baruz dá entrada no recinto por uma porta lateral.

É uma figura assustadora, justificando a preocupação dos MBs. De estatura mediana, tem a cabeça raspada. Veste um blusão vermelho, cor de fogo, e um calção largo, cinza escuro, que vai até o meio das canelas. Um cinturão com vários enfeites de metal completa a indumentária; nos pés, sandálias de um material parecido com borracha; e nos braços, uns braceletes de couro com enfeites iguais aos do cinturão. Os olhos são negros, impenetráveis, e a expressão é perversa, cínica e muito agressiva. Todo ele irradia poder maléfico.

— Então?

A pergunta, num tom de voz grave, é seca, imperativa. MB-3 aproxima-se, faz uma estranha reverência e entrega-lhe um relatório que Baruz começa a ler. De repente, pergunta, com ar aborrecido:

— Quer dizer que o Viver não tem dado abertura para nossa influência?

Virando-se para MB-3, ordena:

— Chame Demétrius.

Enquanto espera, Baruz continua examinando o relatório, caminhando para lá e para cá, em silêncio. Poucos minutos após, MB-3 retorna, anunciando:

— Demétrius, o Grande Psicólogo do Mal.

Demétrius é um belo homem e não tem aparência de mau. Parece mais um nobre da antiga Grécia do que um colaborador das sombras. A expressão do rosto e o olhar apresentam um quê de tristeza e desencanto, como de alguém que tivesse passado por longos sofrimentos e desilusões, nada mais esperando da vida.

MB-2, ao vê-lo, tem uma estranha sensação. É como se o conhecesse desde sempre, mas a voz de Baruz desperta-a dessa espécie de devaneio, ao dizer:

— Convoquei-o, caro Demétrius, para nos dar algumas orientações.

Enquanto fala, Baruz vai se dirigindo para o mapa na parede, seguido de Demétrius.

— Como sabe – continua —, estamos completamente envolvidos com a Missão Besta 666. É uma missão gigantesca que está sendo desencadeada pelo próprio Dragão. É a menina dos olhos dele, e envolve todo o planeta.

Dando mais ênfase à fala, arremata:

— Ninguém pode falhar.

Mostrando, com um gesto largo, determinada região no mapa cercada por uma linha vermelha, explica:

— Eu sou o responsável por toda esta região. Aqui nós temos inúmeros redutos de distribuição de drogas em pleno funcionamento. Temos também muitas escolas e colégios com milhares de candidatos ao vício, e até que temos tido bastante sucesso.

Voltando-se para os MBs, que aguardam em silêncio, Baruz continua:

— Estes são chefes das brigadas-MB. Cada um deles tem sob seu comando uma dúzia de Espíritos muito bem treinados, mas agora, os três estão realizando uma tarefa de inteligência em conjunto.

Indicando-os um a um, faz as apresentações:

— Este é o Lineu. Ele está registrado aqui como MB-3. Foi religioso em sua última encarnação e nos tem sido muito útil. Os outros são o Maranhão, registrado como MB-1, conhece tudo sobre magia, e MB-2 que é especialista em energias. Os três estão encarregados de acabar com uma instituição que nos tem dado muito trabalho.

— Qual? – pergunta Demétrius.

— É o Viver. Eles desenvolvem um movimento contra o aborto e o suicídio e vão começar uma grande campanha contra as drogas. Estão crescendo perigosamente. Daí a minha preocupação.

— Qual é a razão desse crescimento?

— É o método que usam. Eles não ficam dizendo que o aborto ou o suicídio são pecados. Isso as religiões vêm fazendo há muito tempo, quase sem resultado.

— E qual é esse método?

Baruz começa a responder, mas Demétrius o interrompe, dizendo:

— Quero ver isso pessoalmente – pensa um pouco e pergunta: — Esse grupo é de alguma religião?

— É um grupo eclético, tem jovens de várias religiões, uns sem nenhuma e alguns espíritas, mas quase todos participam dos estudos.

Lineu, querendo mostrar serviço, fala:

— Eu tenho a impressão de que é justamente esse estudo aí que é o mais perigoso...

Com olhar fuzilante e voz mordaz, Demétrius interrompe:

— Uma cabeça cheia de conceitos não nos assusta. Perigoso, é quando esses conceitos envolvem o coração e vão passando para as atitudes. Aí sim, é preciso ter cuidado.

Concordando com Demétrius, Baruz dirige-se a Lineu, dizendo:

— É verdade... Você mesmo é um exemplo vivo disso. Foi religioso em várias encarnações e na última foi espírita... e dos mais estudiosos. Eu mesmo o acompanhei de perto, mas vi logo que não seria perigoso para nós. O que lia ficava na cabeça. Não colocava no coração, nem nas ações. Falava bonito, inspirado... – com ar irônico, conclui: — Era até emocionante ver você falar, mas vi logo que era só da boca pra fora. E hoje, você é dos nossos... e um dos bons.

Com ar pensativo, Demétrius pergunta a Lineu:

— O que eles estudam?

— Eles estudam a questão das drogas, procurando encontrar meios para ajudar aos que já caíram no vício e também para prevenir que outros venham a cair. Eles vasculham todas as pesquisas científicas que já foram feitas sobre a reencarnação. Então elaboram apresentações, utilizando os resultados dessas pesquisas para convencer as pessoas de que praticar o aborto ou suicidar-se gera inúmeros sofrimentos, para o futuro.

Demétrius fica pensativo por um momento e finalmente, diz com ar preocupado:

— É... isso é ruim! Quero detalhes sobre as atividades deles.

Quem responde é Maranhão:

— Uma vez por semana, eles fazem os estudos de que Lineu falou. Duas vezes por mês, fazem uma campanha de rua; vão de casa em casa pedindo alimentos, que são distribuídos entre uma instituição de recuperação de dependentes químicos, e uma sopa que fazem para as crianças pobres da região. Ao final de todas as reuniões, eles fazem vibrações e mentalizações...

Demétrius interrompe:

— Essas eu quero ver.

— Nos outros dias, eles têm uns plantões de atendimento pelo telefone – continua Maranhão, mas Demétrius o interrompe, dizendo:

— Sei como funciona. Continue.

— No sábado, eles têm uma reunião, principalmente com jovens, sobre aborto, suicídio e drogas.

— Essa também eu quero ver – interrompe novamente Demétrius, e Maranhão continua:

— No domingo, eles reúnem toda essa gente para o que eles chamam de Oficina de Evolução. É uma troca de ideias para tentar entender melhor a vida. Nessa reunião, todos podem falar, contar os seus problemas e receber o apoio dos demais.

Dirigindo-se a Lineu, Demétrius pergunta:

— Você, que esteve envolvido com religião em várias das suas vidas, o que acha que seja a causa do sucesso desse grupo?

— Quando eu disse que o estudo é perigoso, me referia à forma como eles o fazem. Eles não dão conotação religiosa e não usam apenas o medo de sofrimentos depois da morte ou nas futuras encarnações como recurso de contenção ou de mudança de rumos.

— Que métodos usam, então?

— Eles partem do princípio de que ameaças para o futuro não influenciam muito no presente. Eles se utilizam de conhecimentos que a ciência vem trazendo à baila e que mexem com o cotidiano das pessoas.

Curioso, Demétrius pergunta:

— Que conhecimentos são esses?

— Em vez de ficarem repetindo aqueles velhos discursos sobre perdão, pacificação, amor e todos aqueles... valores morais... como sendo preceitos religiosos, obrigações, eles nem falam em religião...

Irritado, Demétrius ordena:

— Diga de uma vez!

— Por exemplo: eles falam e dão detalhes sobre as pesquisas que comprovam que odiar, não perdoar, guardar mágoas ou desejos de vingança faz mal à saúde; se apegam a umas pesquisas que vêm sendo feitas em hospitais, sobre a importância da prece, da oração, na ajuda a doentes à sua recuperação...

— Que mais? – pergunta Demétrius, curioso.

— São muitos os pontos de pesquisas científicas que eles apontam para confirmar suas teorias, mas o pior de tudo é quando eles dizem que a consciência das pessoas é como uma centelha da luz de... de Deus, e que nessa luz estão escritas as Suas leis, ou leis universais, e que, ao agir de modo a contrariar essas leis, a pessoa está criando pontos de conflito na intimidade da alma, e que são esses conflitos internos os maiores responsáveis pelos sofrimentos pelos quais as pessoas passam, inclusive com relação à saúde.

— Ora, que tolice – exclama Demétrius, irritado. Aproxima-se do grande globo e fica olhando-o girar lentamente. Ninguém ousa interromper suas reflexões. Depois de algum tempo, volta-se para o grupo: — Está aí uma explicação que eu ainda não conhecia. Parece que esse grupo encontrou um caminho, ou a forma ideal para conduzir o pensamento dos seus liderados. Nada de obrigações religiosas, nada de intimidações nem oferta de recompensas, mas apenas o desencadear natural das leis universais...

Pensativo, murmura para si mesmo: — "Muito interessante! Se eu acreditasse em Deus, iria seguir por esse caminho...".

Voltando-se para Lineu, pergunta:

— E essas leis universais? Eles explicam quais são elas?

— Bem... – titubeia Lineu — Eles não detalham muito, mas colocam o amor como sendo a base de todas elas, dizendo que onde existe esse sentimento, todos os demais valores estão presentes, pois quem ama não faz isso, não faz aquilo... Mas estudam também os ensinamentos do evangelho, tais como a humildade, a fé, a solidariedade, a mansidão, a justiça etc., mas o que mais chama a atenção não é o estudo em si, mas as formas que eles encontram para desenvolver a vivência desses valores.

Demétrius permanece em silêncio, meditativo, caminhando lentamente de um lado para outro, até finalmente perguntar a Lineu:

— O que mais?

— Eles estudam muito essa questão das energias psíquicas...

— Que nós conhecemos há milênios...

— É... Só que eles agora também já conhecem um pouco e fazem exercícios de relaxamento, com mentalizações e visualizações...

Ante o olhar interrogativo do Grande Psicólogo do Mal, continua:

— Eles elevam a própria frequência vibratória por meio de preces e induções das mais variadas, conseguindo conectar-se com faixas mais elevadas, e então mentalizam a si mesmos no alto de uma montanha, em companhia do Mestre deles... o Cordeiro, ou então numa nave espacial de onde visualizam a Terra mentalmente. Aí todo o grupo pede às Forças Cósmicas do Bem para envolverem todos os viciados em álcool ou outras drogas, ajudando-os a largarem seus vícios. Depois mentalizam as mulheres grávidas que estejam planejando fazer aborto e pedem às Forças Cósmicas do Amor e à Maria de Nazaré para as ampararem, desviando-as daquelas intenções.

Enciumado com a atenção que é dada ao colega, Maranhão comenta, com ar inocente:

— Já pensaram se essa moda pega?

Um ar de susto perpassa pelo grupo. Demétrius permanece pensativo por alguns instantes e finalmente comenta:

— Realmente... Esse grupo é perigoso.

— E nós não temos conseguido acesso a eles – informa Baruz.

Dirigindo-se desta vez a Maranhão, Demétrius pergunta:

— Por quê?

— Eles se esforçam muito para vigiarem a si mesmos, para corrigirem aquilo que chamam de imperfeições – responde o agente do mal. — Eles oram e trabalham tanto que não nos dão brechas.

Baruz olha para Demétrius como a convidá-lo a falar.

— É... Está me parecendo que a grande força desse grupo está principalmente nessa união – diz o Grande Psicólogo do Mal. Caminha um pouco, pensativo, e conclui:

— União de forças para a reforma moral... Muito interessante. Uns ajudando os outros... Precisamos separá-los.

— Isso já foi tentado – responde Lineu. — Nós arranjamos bons empregos para alguns deles, em lugares distantes, em outros estados, mas os idiotas renunciaram, pois queriam continuar juntos. Acho que já tentamos de tudo com eles.

— Arranjem alguns dos nossos, reencarnados, para se infiltrarem lá. Você, Lineu, deve saber como fazer isso.

— Já fizemos isso também, mas até agora não tem dado certo.

— Quem é o líder deles?

Quem responde dessa vez é Maranhão.

— É o Otávio. Nós já fizemos o possível para derrubá-lo, mas é inútil. Arrumamos tantos problemas que ficou doente. Aí, os companheiros foram lá, fizeram umas orações, deram uns passes...

Demétrius interrompe-o, dizendo em tom professoral:

— Aprendam uma coisa. Os problemas e sofrimentos, quando atingem uma pessoa de alto gabarito espiritual, só fazem aumentar sua fé e dar--lhe mais força.

Depois de curto silêncio, que ninguém ousa interromper, orienta:

— É preciso mudar o sistema. Vamos fazê-lo desacreditar das pessoas, dos companheiros... e até dos seus ideais. Esse é o melhor caminho. É pela desilusão, pelo desencanto, pelo desânimo que vamos pegá-lo e, quem sabe, seja possível levá-lo ao suicídio. Isso seria o ideal, porque jogaria por terra todas as crenças deles. Imaginem só, o líder do grupo se suicidando...

Demétrius caminha um pouco, com ar pensativo, e continua:

— Temos que levá-lo a sentir-se culpado. Vocês vão fazer tudo para envolvê-lo com drogas ou a praticar algo que lhe pese muito na consciência. Uma consciência culpada é muito fácil de ser dominada por nós.

— Ah, seria uma grande vitória! – exclama Baruz entusiasmado. — E olha que estamos precisando. O Dragão informou que o Emissário da Luz está para chegar, e ele vem justamente com a missão de ajudar os jovens que trabalham para o Cordeiro e também para tentar salvar os que estão se inclinando para o nosso lado.

— Mas isto é muito sério, Baruz! – Exclama Demétrius, com ar preocupado. — Eu conheço a fama desse Emissário.

— Foi justamente por isso que convoquei esta reunião – explica Baruz. — Estou chegando de um encontro com o Dragão. Ele quer que a maioria das brigadas-MB, daqui para frente, passe a trabalhar intensamente junto aos jovens. Ele quer que o Emissário, ao chegar, encontre a juventude completamente envolvida com violência, com sexo e, principalmente, com drogas. Ele quer os jovens revoltados contra os pais e a sociedade... e quer a indústria do aborto funcionando a pleno vapor.

Baruz permanece pensativo por instantes e conclui:

— A Missão Besta 666 não pode falhar!

MB-2, que havia permanecido em silêncio, comenta com ar distraído:

— Ah, esse é aquele número da besta do Apocalipse – e denotando certa preocupação, complementa: — Mas o Apocalipse diz que a besta será vencida pelo Cordeiro.

Furioso, Demétrius exclama:

— Cale-se, idiota! Não sei que tipo de chefe é você. Tem, por acaso, medo do Cordeiro?

Ao olhar para MB-2, enquanto diz a última frase, vai ficando pálido. Olham-se, procurando buscar na memória de onde se conhecem, mas se recuperam rapidamente, e MB-2 responde:

— Não. É claro que não tenho medo do Cordeiro. Foi só uma observação.

Com gestos expressivos, Demétrius explica:

— Pois, saiba que a palavra é força, o pensamento é força. Cuidado com suas palavras. Cuidado com seus pensamentos. Se o Dragão tem força, o Cordeiro também tem. A cada dia, alguns dos nossos passam para o lado dele. É preciso vigiar os pensamentos e as palavras. E o peito tem que estar fechado para qualquer tipo de sentimentalismo. Entendeu?

— Entendi...

— Outra coisa... – continua a dizer Demétrius. — Quero conhecer esse Otávio... descobrir seu ponto fraco.

— Muito bem – diz Baruz, dando por encerrada a reunião. — Vamos então ao trabalho – infla o peito, num gesto prepotente. — Quero é ver quem tem mais força: o Emissário ou o Dragão.

CAPÍTULO 03

No Viver

Otávio, Valéria, Diana, René, Gildinha e outros membros do grupo caminham pela rua, aproximando-se do Viver. Levam sacolas com as doações que conseguiram na campanha de rua. Demétrius, acompanhado pelos MBs, observa-os atentamente, procurando identificar os valores e os pontos fracos de cada um.

— Aquele ali é o Otávio – diz Maranhão para Demétrius, apontando para um dos membros do grupo, um homem de seus 35 anos, cabelos louros, ondulados, presos num "rabo de cavalo" por uma tira de tecido marrom. Tem o porte esbelto e seus modos são gentis. É um tipo bastante cativante.

Demétrius observa Otávio por instantes, procurando algo na memória. Sua expressão vai se transformando em ódio. Finalmente diz, como a tatear as palavras:

— Sei quem é. Foi uma bela mulher... Na Grécia Antiga. A mais famosa prostituta da época. Seu nome era Melissa.

Demétrius fica algum tempo observando atentamente Otávio, com ar pensativo. Vez por outra, um esgar de ódio confrange-lhe o semblante. Depois de algum tempo, pergunta:

— Que mais vocês sabem sobre ele?

— Eu levantei uma ficha completa – informa Maranhão, sentindo-se importante. — Numa encarnação na Europa, no século XIX, foi um burguês pobre e se casou com uma rica herdeira. Quando conheceu Valèrie, a atual Valéria, aquela mulher ali, de camiseta branca, que atualmente é noiva dele, apaixonou-se loucamente por ela. Ela também se apaixonou e, como ele era casado, ela acabou aceitando ser sua amante. Os dois tiveram uma filha com problemas mentais. Mas a esposa dele descobriu e deu-lhe um ultimato, ou largava a amante ou ficaria sem um centavo. Ele escolheu o dinheiro, e Valèrie sofreu muito com a separação, mas conseguiu criar a filha de forma honesta. Morreu velha e solitária. Quanto ao Otávio, caiu no alcoolismo e depois de alguns anos, suicidou-se. Sofreu por longo tempo os efeitos desse gesto, mas tendo em conta seus muitos merecimentos foi resgatado pelos da luz. Tudo indica que desta vez ele veio com uma decisão muito firme e não mais cair no vício.

Demétrius registra o detalhe do suicídio e do alcoolismo, que certamente irá favorecer suas intenções. Fica silencioso por instantes, observando Otávio e balançando a cabeça, como a aprovar os próprios pensamentos. Olhando mais atentamente para Valéria, sente um estremecimento ao reconhecer Laio, seu pai daquela encarnação na Grécia. Depois de algum tempo, pergunta:

— E a... mulher... a Valéria? O que sabem sobre ela?

— Não sabemos muito sobre ela, a não ser o que já falei – responde Maranhão — mas sabemos que sempre esteve por perto do Otávio.

— E os outros?

— Esse rapaz de camisa cinza é o René – continua informando Maranhão. — É dos nossos. Nós o colocamos junto de Otávio, e a garota também, a Diana, aquela da blusa vermelha. As outras são a Gildinha, a de cabelo curto, e a Valéria. As duas são como o Otávio. Não se deixam envolver.

Demétrius, com ar de satisfação, informa:

— Já sei por onde vamos atacar.

O grupo chega à instituição. Demétrius e os MBs aboletam-se nas janelas pelo lado de fora, já que não gostam do ambiente vibratório mais elevado que vige na casa.

Um quadro na sala de estudos chama a atenção de Demétrius que o lê cuidadosamente:

DIRETRIZES DO GRUPO

01 – Estamos aqui para servir ao próximo em nome do AMOR.

02 – Somos todos iguais perante Deus e todos desejamos evoluir espiritualmente.

03 – Nunca falar mal de qualquer companheiro. Se tiver algo contra alguém, deve chamá-lo à parte e conversar com amor e com humildade, visando sempre o bom entendimento e o companheirismo.

04 – Os encontros privativos do grupo devem ser "olho no olho", com sinceridade, confiança, humildade verdadeira e amor. Devemos sempre nos apoiar mutuamente, como verdadeiros irmãos que somos uns dos outros. Só assim poderemos contornar quaisquer dificuldades de convívio.

Enquanto vão separando e guardando as doações, os jovens conversam animadamente:

— A campanha de rua hoje foi boa – diz Otávio com expressão satisfeita. — Também foi muito proveitosa, porque tivemos oportunidade de ajudar aquela família.

— Fiquei muito penalizada – diz Gildinha. — Pobre mulher, além de ter que manter a família, trabalhando como diarista, ainda leva surras do marido, como a que levou hoje.

— Sabe, Otávio, você me surpreendeu – diz Diana, e continua com ar irônico: — Pensei que os espíritas resolvessem tudo na base da prece, mas você tratou de incentivá-la a denunciar o marido à polícia.

René, pegando carona na ironia de Diana, completa, em tom mordaz:

— E ainda levou-a até a Delegacia da Mulher e serviu de testemunha... Isso é que é mansidão...

— Você está enganado, René, – responde Otávio, bem humorado. — Mansidão eu entendo como não agressão, mas num caso como aquele, a situação pode chegar a extremos se a mulher não toma uma atitude. O marido, acreditando que vai ficar impune, vai continuar batendo nela cada vez mais, e isso, diante dos filhos. Pense no trauma daquelas crianças assistindo a tudo aquilo.

Valéria, que até então havia se mantido em silêncio, fala:

— Eu não vejo o espiritismo como uma doutrina a ser estudada, decorada e seguida ao pé da letra. Para mim, ele significa um universo de informações fundamentais para o nosso equilíbrio e evolução, além de uma poderosa indução ao crescimento interior ou evolução espiritual. Ora, se eu conheço os porquês de muitas coisas na minha vida, se sei a respeito da reencarnação, da lei de causa e efeito, da lei da evolução... Se sei como é essa interação que existe entre nós e a dimensão espiritual...

Enquanto Valéria fala, Otávio fica olhando-a com enlevo. Ela lhe sorri e continua:

— Conhecendo tudo isso e, principalmente, a importância de cultivar o amor universal e a fé, fica bem mais fácil caminhar com mais segurança vida afora.

— E não comprometer novamente o futuro – conclui Gildinha.

— É isso mesmo – concorda Valéria. — No caso daquela mulher, um simples senso de justiça iria orientar para a atitude que o Otávio a incentivou a tomar.

— Eu tenho pensado muito ultimamente sobre essa questão da evolução – diz Otávio. — Nós, espíritas, temos muita preocupação com nossa evolução espiritual. Passamos a vida procurando nos policiar e, de repente, percebemos que continuamos quase os mesmos de muitos anos atrás. Comigo, pelo menos, acontece assim. Outro dia eu li a respeito de uma agenda que sugere nos ocuparmos apenas com nossos estados de espírito.

— Como é isso? – pergunta Gildinha, curiosa.

— A sugestão é para cuidarmos de desenvolver estados de espírito afetuosos ou amorosos, alteritários, com humildade e contentamento, ou seja, quando nosso estado de espírito é amoroso, alteritário, humilde e contente, nós não agredimos, não somos injustos, somos fraternos, solidários, perdoamos, etc. E tudo isso de forma natural, sem uma pré-programação de atitudes.

Valéria, que ouvia atentamente, reflete um pouco e diz com satisfação:

— Isso me parece um verdadeiro achado, Otávio. É exatamente isso. Se nos ocupamos apenas em desenvolver estados de espírito, não precisamos ficar nos policiando – dá um suspiro e conclui: — Garanto a vocês que não aguento mais ficar me vigiando, mesmo porque, depois, vem a autocobrança, que é dose!

— É mesmo – concorda Gildinha. — Está me parecendo que assim, com essa fórmula do Otávio, estaremos desenvolvendo nossos valores espirituais em profundidade. Dessa forma, aos poucos, eles acabam fazendo parte da nossa natureza. – reflete um pouco e exclama, exultante: — Gente, isso é evolução espiritual de verdade, não só de fachada. É maravilhoso!... E eu vou já anotar isso. Vou colocar lembretes em toda parte lá em casa, para não me esquecer.

— Tem toda razão, Gildinha – diz Valéria, entusiasmada. — E eu acho que devemos levar essa ideia às reuniões, aos estudos... Vamos fazer uma grande campanha nesse sentido aqui no Viver. O que vocês acham?

Todos concordam com entusiasmo, menos Diana e René. Este último pergunta:

— O que é esse tal de "alteritário", que eu não entendi?

Valéria olha para Otávio, como quem diz: "agora é com você". Ele sorri e explica:

– Podemos dizer, de forma resumida, que a alteridade representa o respeito que devemos ter por todos, por suas ideias, sua maneira de ser e de pensar, suas crenças, etc. Além disso, é também uma disposição para aceitar e aprender com os que são e pensam diferente de nós.

Enquanto Otávio fala, Demétrius dá uma ordem a Lineu que passa a olhar fixamente para René. Pode-se perceber que está lhe transmitindo uma indução mental, que é logo obedecida e, assim, no claro intuito de botar Otávio numa "saia justa", pergunta em tom irônico:

— Quer dizer que ser alteritário é ser uma espécie de "Maria vai com as outras", é isso?

— Não, René – responde Otávio serenamente, fazendo de conta que não percebera a ironia do companheiro. — Ocorre que vivenciar o valor da alteridade não significa deixar-se levar pelas ideias alheias, mas sim ter abertura para ouvi-las, refletir sobre elas e também para discutir, debater, questionar, porque é assim que podemos firmar, de forma mais segura e mais madura, os alicerces das nossas próprias construções interiores. A discussão, o debate e o questionamento sempre são saudáveis quando se respeita o outro e a sua maneira de ser e de pensar, entendem?

Otávio silencia por instantes, para deixar os companheiros introjetarem a ideia, e continua:

— A alteridade nos ajuda a abrir caminhos para uma compreensão mais elevada sobre tudo. É o mais importante mecanismo para o crescimento do homem como ser social **e** pode levá-lo a interagir pacífica e beneficamente com tudo que o cerca. Podemos dizer também que é o veículo capaz de conduzir a humanidade para a tão esperada nova era. A postura alteritária nos leva a ver todos com bons olhos, atendendo aos ensinamentos de Jesus, quando disse no evangelho de Mateus, capítulo 6: "Se os teus olhos forem bons, todo o teu corpo será luminoso; se, porém, os teus olhos forem maus, todo o teu corpo estará em trevas".

René, sempre obedecendo ao comando mental de Lineu, e também irritado por não ter conseguido êxito com seus questionamentos, contesta:

— Acontece que só os parvos, os imbecis podem ver bondade em tudo. A humanidade, hoje, meu caro, é composta de gente que só quer se dar bem, ou pior ainda, de gente violenta, agressiva, perversa. O número de psicopatas na Terra cresce tanto que logo serão maioria.

— Não é por aí, amigo – responde serenamente Otávio. — Ver os outros com "bons olhos" significa não procurar neles o que têm de ruim. Quem vê os outros com "maus olhos", sempre os observa à procura do que possa criticar, julgar, condenar...

Os outros membros do grupo haviam se aproximado para ouvir as explicações de Otávio, e René, não querendo se ver depreciado pergunta, com ironia:

— E o que tem isso de ruim? Todo mundo tem direito de observar, de criticar e tudo o mais. Só porque Jesus mandou não julgar? Isso, meu caro, foi há mais de dois mil anos. As coisas hoje andam por outros caminhos, são bem diferentes.

— Engano seu, René, os ensinamentos d'Ele estão cada vez mais atuais. Me deixe ver um exemplo: digamos que você vê uma pessoa estacionando o veículo indevidamente numa vaga para deficientes. Ao criticar essa pessoa, mesmo apenas mentalmente, você está gerando uma vibração negativa, ou seja, energia psíquica pesada, de teor negativo, e uma parte dessa energia fica em você mesmo, seu gerador. A outra parte alcança a pessoa que você está criticando e poderá ou não lhe trazer algum incômodo, mas pode ser que também venha a funcionar como um indutor para essa pessoa praticar mais e mais aquele ato. Nós já estudamos aqui sobre isso, inclusive sobre as pesquisas que vêm sendo feitas nesse sentido.

Gildinha, vendo que René está se preparando para continuar com suas ironias, adianta-se, perguntando a Otávio:

— De que forma então deveria agir uma pessoa alteritária numa situação como essa?

— Faça de conta que é você essa pessoa. Então, ao registrar o ato errado, respeitando a diferença do outro, não o critica. Assim, estará fazendo um bem a si mesma e deixando de fazer mal a outrem. Mas digamos que, agindo com alteridade e também com amor, você entende que deve lhe falar, alertando para o erro que está cometendo, irá fazê-lo então de forma a não o humilhar, encontrando a melhor maneira de ser, junto àquela pessoa, uma presença benéfica.

— E se esse alerta for inviável? – torna a perguntar Gildinha.

— Nesse caso, poderá lhe enviar uma vibração fraterna junto com a ideia de que não se deve agir daquela forma. Esse tipo de vibração, alcançando o alvo, poderá o induzir a não mais praticar tais ações.

Orientado por Demétrius, Lineu envia uma indução mental a René para que mude de atitude, e este, desta vez sem ironia, pergunta a Otávio:

— Eu entendo que exercer a faculdade da crítica faz parte do crescimento do ser humano, e como grande parte da humanidade tem a tendência de pular de um extremo para o outro, é bem provável que muitos, ao abraçarem as ideias da alteridade, caiam nos extremos e passem a adotar a omissão ou a conivência como sendo posicionamentos alteritários.

— Nisso você tem razão – responde Otávio. — Mas isso acontece em toda parte. Sabemos que os extremos são o endereço preferencial dos fanáticos, por isso é necessário ter equilíbrio em tudo. Quanto à crítica, há dois tipos: uma é saudável, a outra não. Na saudável, observamos e analisamos, buscando entender os porquês, confrontando tudo, sempre na intenção do aprendizado e visando roteirizar para nós próprios os melhores modelos. Nesse tipo de crítica, podemos dialogar com tranquilidade, debater nossos pontos de vista, trocar ideias, estar abertos para aprender com os outros, enfim, participar ativamente das situações, sempre visando o bem geral. Isso equivale a uma atmosfera interna de boa vontade, de olhar tudo e todos com bons olhos, a desenvolver uma vibração positiva. Isso é benéfico para quem age dessa forma, para os que o circundam e também interfere ou interage de forma positiva com as próprias circunstâncias.

Otávio faz uma pequena pausa e continua:

— Se acrescermos à crítica saudável os valores da afetividade, vamos sempre encontrar a melhor maneira de ajudar, de ser presenças benéficas onde estivermos, nem que essa ajuda se dê tão somente por meio de uma prece ou de uma vibração positiva.

Interessada, Diana, pergunta:

— E quanto à crítica não saudável?

— Nesse tipo de crítica – responde Otávio — desenvolvemos uma ambiência interna pesada, do contra, sempre dispostos a encontrar erros em torno de nós. Posturas assim são geradoras de energismo pesado, desagregador, além de fomentar orgulho e vaidade em quem as vivencia.

Segurando carinhosamente a mão de Otávio, Valéria arremata:

— É fácil perceber então que a pessoa que vivencia a alteridade passa a ser mais fraterna em todos os sentidos, deixando de criticar, julgar, agredir... E esse tipo de atitudes deixa o ser em paz consigo mesmo, com a humanidade, com a vida.

— Eu adorei também essa ideia de incluir o contentamento nessa agenda do Otávio – diz Gildinha. — Não adianta nada a pessoa ser a mais caridosa, a mais humilde, etc., mas ser um poço de tristezas, de lamentações, como se carregasse o peso do mundo nas costas. Acho a alegria e o contentamento fundamentais para tudo, até mesmo para se ter boa saúde.

— Você tem toda razão – concorda Valéria. — O Espírito Miramez, pela psicografia do médium

João Nunes Maia, diz que "a alegria reveste todas as virtudes de luz". Não é bonito?

— Lindo... muito lindo!

Com expressão meio descrente, Diana se dirige a Otávio:

— Essa receita pode até ser legal, mas isso de desenvolver determinados estados de espírito... Não vejo como.

Otávio pensa um pouco e diz:

— Vamos fazer de conta que vocês estão num canal de televisão para um teste. Topam?

Com a anuência do grupo, Otávio continua:

— Vejamos, vocês vão fazer agora uma expressão de muita raiva... – observa os presentes, e vai dizendo para fazerem sucessivamente expressões de amor, de saudade, de ódio etc. Em seguida, pergunta a Diana:

— Como você conseguiu expressar tão bem esses sentimentos?

— Bem, eu procurei senti-los...

Otávio fica olhando para ela com ar brincalhão. Depois explica:

— Viu como é simples? Com algum esforço e nos ocupando sempre com essa questão, acabamos gerando automatismo, ou seja, tornando esses estados de espírito naturais em nós.

Mudando de assunto, Valéria pergunta:

— Vocês repararam naquele grupinho de adolescentes? Tenho a impressão de que eles vão ler o folheto e aparecer aqui na reunião de sábado.

— Também... depois do que você lhes disse, até eu leria o folheto – comenta Diana.

— Querem saber? Eu acho que quando alguém quer fazer um aborto, se matar ou se drogar, o fato de receber a informação correta sobre as consequências é muito importante – diz Valéria.

— Pois eu acho que essa é uma das partes mais importantes do nosso trabalho – comenta Otávio. — Prevenir. Se depois, bem informados, eles quiserem continuar, aí é com eles, mas nós fizemos a nossa parte.

— É verdade – concorda Valéria. — Mas precisamos mergulhar de cabeça no nosso projeto antidrogas. Tenho até sonhado com isso. Acho que devemos começar procurando envolver toda a sociedade numa campanha, sem prazo para terminar. Não creio que seja muito difícil, porque ninguém aguenta mais tanta violência e sofrimento provocado pelo uso das drogas.

CAPÍTULO 04

A criação de um novo ser

O salão do Viver está repleto, principalmente de jovens. René e Diana sentam-se num canto, próximo à porta de entrada. Numa das janelas, no lado de fora, Demétrius observa atentamente. Em outra janela, os três MBs. Suave e relaxante música é ouvida no ambiente.

— Bom dia, pessoal – cumprimenta Otávio, com largo sorriso. — Vamos iniciar nossa reunião de hoje com uma prece.

A seu pedido, Gildinha convida os presentes a fecharem os olhos, para poderem concentrar-se melhor, e pede às Hierarquias de Luz para iluminarem as mentes e os corações de todos, a fim de poderem entender melhor os conteúdos que forem tratados na reunião.

— O nosso encontro de hoje – começa Otávio — é sobre um problema que tem desestruturado a vida de milhares de mulheres, causando muitos sofrimentos. Trata-se do aborto. E vamos começar mostrando a vocês a coisa mais linda que alguém possa imaginar.

Com um controle remoto na mão, Otávio vai passando as imagens que aparecem no telão. Primeiro, um óvulo sendo fecundado.

— São mais de 200 milhões de espermatozoides disputando essa corrida – explica Otávio. — Quem chega primeiro penetra no ovo e, então, esses dois elementos juntos começam a formar uma pessoa. Não é um momento divino?

Demétrius vai observando as expressões dos presentes, enquanto Otávio continua:

— Duas células se juntam... e aí... essa coisinha vai crescendo, se desenvolvendo...

Na tela, continua a sucessão de imagens. O óvulo já fertilizado, dividindo-se em duas partes, depois em quatro, oito e assim sucessivamente. Aos poucos, vai mudando de forma, aparecendo uma coluna vertebral rudimentar, a cabeça, os membros inferiores e os superiores.

A plateia está em silêncio. Quase todos se mostram emocionados.

—Vejam como essa coisinha minúscula se movimenta dentro do líquido – continua Otávio. — Parece querer mostrar ao mundo que já é um ser vivo, preparando-se para assumir o seu lugar na sociedade, a sua identidade, o seu destino.

Uma sublime emoção vai tomando conta de Otávio. Sente como se, de altas esferas espirituais, algum ser de luz o estivesse envolvendo em suas vibrações. Continua, falando com enlevo:

— Esse é, sem dúvida, o mais magnífico espetáculo da natureza: a criação de um novo ser.

MB-2, que se encontra numa das janelas do salão, junto com seus colegas, não consegue esconder a emoção. Otávio continua sua apresentação, falando com suavidade:

— Mas não é só o corpinho que vai crescendo. Sabiam que ele percebe, tem sensações, tem emoções? Sabiam que ele fica inquieto quando a mãe está nervosa, e dorme quando a mãe descansa? Quando se aborrece, chupa o dedinho ou então fica dando voltas. Imaginem só, um serzinho desse tamaninho chupando o dedinho...

Otávio faz silêncio por alguns instantes e depois, como se falasse para si mesmo, diz:

— Meu Deus, uma coisinha dessas precisa de muito amor, desde o comecinho!

MB-2 não consegue conter as lágrimas que rolam silenciosamente de seus olhos. Maranhão, em tom mordaz, recrimina:

— Mas o que é isso?... Vê se pode!

— Trate de se controlar – diz Lineu. — Se o Demétrius te vê chorando... Coitada de você!!!

Controlando-se a custo, MB-2 explica:

— É que eu me lembrei do meu filho.

Aos poucos, vai se acalmando e, ante a expectativa dos dois colegas, desabafa:

— Dioguinho era um garoto lindo, inteligente... Um filho maravilhoso. Quando fiquei viúva, ele passou a ser tudo para mim.

— Que aconteceu? – pergunta Maranhão.

— Ele detestava tirania. Ainda jovem, envolveu-se com lutas pela liberdade. Foi preso...

Cala-se, tentando acalmar-se. Enquanto isso, no telão, aparece a imagem do feto movimentando-se no útero materno, e Otávio continua a explanação:

— Sabiam que tem médico que aconselha os pais a conversarem com o feto, desde o início da gravidez, a dizerem que o amam, que estão muito felizes com sua chegada e coisas parecidas? Dizem que isto dá estabilidade emocional ao bebê e que tem reflexos para toda a sua vida.

— Eu fiz tudo isso – diz MB-2, como se estivesse arrancando as palavras do próprio coração. — Cantei para o meu bebê... conversei com ele... Eu o amei tanto, tanto!

— Que aconteceu depois? – pergunta Lineu.

— Fiz de tudo para libertá-lo... mas foi inútil. Os malditos torturaram meu filho... – conclui num soluço — até a morte.

Demétrius, para sorte de MB-2, está tão atento à explanação e às reações do auditório que não percebe o que acontece com ela. Otávio continua:

— Esse feto, que muitos acham que é apenas um monte de tecidos em crescimento, é um ser humano em formação. Ele percebe, sente, tem emoções. Imaginem então o seu sofrimento quando o estraçalham, rasgam seu corpinho, matando-o.

Curioso, Lineu continua a perguntar:

— E aí? Você se vingou?

— Quando eu soube do que tinha acontecido, foi um ódio terrível, uma angústia sem tamanho!!! Sentia como se todas as minhas células e todos os meus neurônios rugissem de dor, de desespero, de ódio e desejo de vingança... Mas consegui me aprumar. Busquei forças no ódio para elaborar um plano.

MB-2 silencia por instantes, relembrando seu drama, e continua:

— Descobri os nomes dos miseráveis que... que fizeram aquilo. Consegui um emprego de cozinheira na casa de um deles. Minha intenção era ir colocando veneno na comida dele... aos poucos. O desgraçado morreria em alguns meses, num sofrimento horrível. Mas ele me escapou. Achou de ter um ataque fulminante do coração e fugiu à minha vingança.

MB-2 se cala para acompanhar a explanação de Otávio:

— No momento em que ocorre a fecundação, o Espírito que vai reencarnar, ou seja, a pessoa que vai reencarnar, liga-se ao óvulo fecundado. E esse óvulo passa então a ser uma extensão dele próprio e ele vai se incorporando cada vez mais e mais nesse punhado de tecidos, presidindo seu desenvolvimento. E ele passa então a viver por meio desse corpo que está sendo formado. Então, fica fácil de entender que um feto não é só um punhado de tecidos. É uma pessoa... É uma vida consciente, pensante, que se alegra, sente medo, sofre, se angustia, tem apego à vida...

Com uma pausa feita por Otávio, Maranhão pergunta a MB-2:

— E depois? O que aconteceu?

— O outro – porque eram dois os responsáveis — eu vigiei durante semanas. Não perdia o miserável de vista. Ele também tinha um filho. Aí, eu raptei o garoto e dei para um casal adotar. O desgraçado nunca mais soube do filho.

Lineu alerta, em voz baixa:

— Disfarça! Demétrius está olhando para cá.

Otávio continua a explanação, dizendo:

— Aqui, o feto aparece tranquilo, com movimentos calmos e chupando o dedinho de vez em quando. Observem agora como ele se desespera quando é introduzido no útero o instrumento para furar a bolsa. Vejam como o instrumento ainda não tocou nele, mas ele já pressente o perigo. O coração passa a bater acelerado, e ele começa a fazer movimentos nervosos. Quando o aborteiro fura a bolsa e introduz a ponta do instrumento de aspiração, vejam como ele passa a mudar de lugar, num ritmo enlouquecido, para os lados e para cima, tentando desesperadamente escapar do perigo.

O auditório está horrorizado porque as imagens são reais, foram gravadas durante os procedimentos de um aborto. Muitas mulheres colocam a mão sobre o ventre, como a querer proteger um filho ainda nem gerado. Otávio, muito emocionado, continua:

— O coraçãozinho bate cada vez mais acelerado. E agora, quando o bocal de sucção se aproxima dele, ele encolhe o corpinho tanto quanto pode, até a parte superior do útero, procurando fugir. Vejam como a sua boca se abre num desesperado grito sem som... Um grito desesperado, mas que ninguém escuta. Ninguém dá atenção, ninguém ali se importa... Em seguida, o aparelho começa a sugá-lo, arrancando pedaços: as perninhas, os bracinhos, o corpo... Só não a cabeça, que não cabe no tubo do aspirador. Aí, o médico introduz uma tenaz, esmagando a cabeça, para poder aspirá-la.

As imagens são por demais fortes e reais, deixando todos estarrecidos. MB-2 escondendo o rosto entre as mãos, exclama:

— Eu não quero mais ver isso!

— Disfarça – diz Lineu em tom peremptório. — Demétrius vem aí.

MB-2 finge estar olhando para dentro do salão para ter tempo de se acalmar. Demétrius, aproximando-se, fica a olhar para ela, como se estivesse tentando reconhecê-la. Um fugidio brilho de ternura perpassa por seus olhos, como se ela o fizesse lembrar-se de alguém, mas logo reage virando o rosto, olhando para dentro do salão através da janela. Novamente senhor de si, informa:

— Já deu para eu perceber porque esse grupo é tão perigoso para nós.

Em seguida, chama Lineu dando-lhe algumas instruções. O obsessor se posiciona de forma a ver René e Diana, fixando neles o olhar... um olhar hipnótico.

Sob o comando mental de Lineu, os dois jovens se olham com desejo, aproximando-se mais um do outro. O obsessor continua firme em seu comando manipulador até que René cochicha algo no ouvido de Diana, indo ambos para o lado de fora. Instantes depois, os dois estão no banheiro da instituição, agarrando-se com sofreguidão.

No salão, Valéria, tomando a palavra, diz:

— É pessoal, isto é tão horrível que a gente custa a acreditar que esteja acontecendo. Mas, acontece aos milhares... Acontece todos os dias. Se as mulheres soubessem que é assim como vimos, tenho certeza de que tratariam de evitar por todos os meios uma gravidez que não desejam. Jamais fariam um aborto.

Uma jovem do auditório pergunta:

—Você acha justo trazer uma criança ao mundo para sofrer? Digamos que seja uma gravidez de estupro. Sabe lá as rejeições que ela poderá ter? E se herdar as taras, a perversidade do pai?

— O Espírito só herda de si mesmo – responde Valéria. — É claro que existem os fatores hereditários que podem gerar certas predisposições. Mas o caráter, as inclinações, as aptidões, ele as traz das vidas passadas, de tudo aquilo que construiu em si próprio. E olha que pode ser um Espírito amigo, que volta à Terra para ajudar a mãe, lhe dar uma força. Também é verdade que pode ser um inimigo do passado, que o amor divino permite voltar na condição de filho.

— Por quê? – pergunta outra jovem.

— Porque é no berço que as inimizades se acabam, dando lugar ao perdão, ao amor.

Enquanto Valéria conversa com os presentes, Demétrius, da janela onde está, emite uma sugestão telepática a Otávio, que se levanta e sai do salão. Dirige-se até o banheiro, mas antes de tentar abrir a porta ouve os ruídos que fazem Diana e René.

— Quem está aí? – pergunta, tentando abrir a porta. —Tratem de abrir, senão eu arrombo.

Alguns companheiros da instituição se aproximam e ficam observando. Finalmente os dois abrem a porta e saem, acabando de se vestir.

Otávio está indignado:

— Não acredito que vocês foram capazes de uma coisa dessas.

— Vai me dizer que você nunca fez isso? – pergunta René, com sarcasmo.

Procurando acalmar-se, Otávio pergunta:

— Como é que podemos ter força moral diante dos assistidos, se não temos sequer vergonha na cara?

Os dois jovens se preparam para responder, mas Lineu, à distância, emite-lhes uma ordem mental, pela qual diz: "Calem-se... Depois vocês se vingam."

— Vocês dois tratem de ficar longe um do outro – ordena Otávio. — Se tentarem isso de novo aqui, serão expulsos do grupo.

CAPÍTULO 05

Seu Raimundinho

Com o dinheiro da venda do sítio no interior do sertão nordestino, onde sempre vivera, seu Raimundinho tinha se mudado para a cidade grande e conseguido comprar uma casinha na periferia, no mesmo bairro onde Valéria morava, e ali se instalara com o filho de sete anos, o Luizinho. Depois que enviuvara, há três anos, não conseguira mais continuar no mesmo lugar onde fora tão feliz, apesar de todas as dificuldades próprias de uma região tão seca, e optara por migrar para a cidade. Vivia dos trabalhos temporários que fazia e da venda de balas, sempre esperando conseguir alguma atividade mais lucrativa.

Quando Valéria precisava de algum conserto na casa ou limpeza no jardim, era a ele que chamava, sabendo que era pessoa de confiança e trabalhadora. Gostava de ouvir suas conversas, seu modo sertanejo de falar e os casos engraçados que contava, acontecidos no interior onde vivera. Acabaram ficando amigos.

Atendendo a um convite de Valéria, seu Raimundinho foi conhecer o Viver e se apaixonou pela instituição, acabando por se engajar em suas atividades. Saía cedo de casa com seu tabuleiro de balas e ia vendê-las numa praça perto da instituição, até chegar a hora da abertura da mesma, quando, então, ia assumir ali as tarefas que lhe haviam sido confiadas.

Certa tarde, na semana em que Dino tinha sido socorrido por Gideão, seu Raimundinho se encontra no centro da praça com seu tabuleiro de balas, acompanhado do filho.

Se a vidência dele pudesse perceber faixas vibratórias mais elevadas, poderia ver, num dos cantos da praça, Gideão, e junto a ele a magnífica figura do Emissário da Luz, com suas vestes que mais parecem luz materializada em belíssimos tons de creme. Na cabeça, prendendo os cabelos cor de ouro, uma faixa prateada com estranhos enfeites ou símbolos que emitem forte luminosidade em vários tons de verde.

Ao mesmo tempo, pelo outro lado, chegam os MBs.

— Eita que eu tô me arrepiano todo – diz seu Raimundinho ao filho. Olhando em torno, vê os MBs se aproximando. Nervoso e se benzendo, exclama:

— Ah, eu sabia! Lá vêm eles de novo!

Fica por algum tempo no mesmo lugar, como a desafiar a própria coragem, mas quando os MBs se aproximam mais, agarra o tabuleiro e sai correndo para um canto da praça.

Luizinho, acompanhando o pai na corrida, pergunta assustado:

— Ei pai, o que aconteceu? Parece que tá fugindo...

— To fugino mermo! Ocê num sabe, purque num enxerga eles, mas tem um bando de isprito ruim ali. Eu enxergo eles porque sou vidente. Isso foi a dona Valéria quem me disse. As outras pessoas num vê eles não... só os vidente.

Os obsessores postam-se perto de um dos bancos, como se estivessem esperando alguém.

Seu Raimundinho pergunta a si mesmo, mas em voz alta:

— Que será que eles vai aprontá dessa veiz?

Demétrius, entrando pelo lado oposto, aproxima-se dos obsessores, procurando não olhar para MB-2. Nenhum deles pode ver o Emissário ou Gideão, nem perceber suas presenças.

— Não podemos dar trégua a eles – diz Demétrius, acrescentando com um gesto significativo: — A qualquer momento, num descuido do Otávio...

Os obsessores riem, menos MB-2, que se mostra um tanto distante.

— Mas, enquanto isso – Demétrius continua a orientar — vamos trabalhar com os outros do grupo, botar na cabeça deles que são jovens e por isso precisam aproveitar a vida, as curtições, as drogas... Os prazeres do sexo.

— É o que estamos fazendo – diz MB-2 — e já temos alguns abandonando as reuniões...

— É pouco – interrompe o Grande Psicólogo do Mal. — Precisamos reforçar o assédio. Aqueles idiotas gostam de estudar, fazer campanhas – em tom irônico — sopinhas para as criancinhas, para os pobres... Eles querem ser bonzinhos para escaparem do Umbral, depois da morte.

— E também para não terem novos pecados a pagar nas futuras encarnações – acrescenta Lineu, dando uma risada.

— E nós? – pergunta MB-2, pensativa. — Será que vamos ter que reencarnar um dia para pagar nossos pecados?

— Cala essa boca – ordena Demétrius, olhando para ela com olhar fulminante. — Quer que o Dragão tome conhecimento da sua fraqueza? Você nos tem sido muito útil por causa dos seus conhecimentos sobre energias, mas meta isso na sua cabeça: o Dragão não perdoa os traidores. Tome cuidado. Acho até que você já está entrando em sintonia com correntes contrárias.

— Eu só pensei... – começa a desculpar-se, mas Demétrius, um pouco mais calmo, diz:

— Pois pensou mal. Trate de firmar o pensamento no Dragão. A nossa força está nele, entende?

Observando que Valéria, Diana e René estão atravessando a praça em direção à sorveteria, diz:

— Vão cuidar deles. É preciso que a tal festinha aconteça da forma como planejamos. Eu tenho outros assuntos a tratar.

Lineu e Maranhão seguem atrás dos jovens, mas MB-2 permanece onde está. Gideão, conhecendo as intenções e a força dos obsessores, pergunta ao Emissário:

— Não vamos ajudá-los?

— Primeiro vamos ajudar essa outra irmã que está muito necessitada – responde o Emissário, aproximando-se de MB-2. Ergue a mão, envolvendo-a num feixe de luz em magníficos tons de verde. As feições da obsessora tornam-se mais suaves e ela vai se afastando até uma grande árvore, encostando-se a seu tronco.

Atendendo a uma solicitação mental do Emissário, Gideão afasta-se, voltando em seguida acompanhado de Dioguinho. Os três se aproximam de MB-2 que não percebe a presença do filho, mas começa a sentir uma saudade imensa dele.

— Onde estará meu filho, meu Dioguinho? – pergunta a si mesma. — Que terá sido feito dele?

Fecha os olhos, ensimesmada. De repente, passa-lhe pela mente uma ideia que não sabe se é boa ou má, e pergunta num murmúrio:

— Será que meu filho está do lado do Cordeiro? Ele era uma alma boa, pura... É bem provável que tenha sido levado pelos da luz... E agora, o que faço? Daria qualquer coisa para encontrá-lo!

Dioguinho, profundamente emocionado, segura uma das mãos de MB-2, que não pode percebê-lo em virtude da grande diferença vibratória entre ambos, mas sente uma emoção tão pura, tão nobre, como nunca antes sentira. Uma lágrima do filho cai sobre sua mão e ela abre os olhos, dizendo em voz alta:

— Caiu alguma coisa na minha mão... Como se fosse uma lágrima... Será que alguém no céu está chorando por mim?

Aquele foi um momento divino na existência de MB-2. Um raio de luz conduzido pelo amor, abrindo caminho na escuridão de uma consciência atormentada.

CAPÍTULO 06

Reflexões de MB-2

Diana, René e Valéria estão na sorveteria. Os dois primeiros, induzidos pelos MBs, tentam convencer Valéria a participar de uma festa que estão planejando. O plano dos obsessores é levá-la a ingerir alguma droga que seria colocada em sua bebida e que a faria praticar atos dos quais muito se arrependeria. Querem que ela venha a se sentir culpada, já que uma consciência culpada é presa bem mais fácil para a influenciação trevosa.

— Sabia, Valéria, que o Tadeu, a Mara e a Lucinha também vão? – pergunta Diana. — Acho que a sua presença lá vai ser muito importante, porque assim você vai poder controlar qualquer excesso deles. Eles são novos no Viver e podem acabar bebendo demais ou fazendo qualquer bobagem.

— Engano seu. Eu não sou responsável por ninguém. Só por mim mesma.

Meio sem graça com a resposta de Valéria, Diana fala num tom de quem tenta se justificar:

— A gente tem que aproveitar enquanto é jovem. E depois, qual é o mal que tem em alguém querer se divertir? Quanto ao sexo, ora, isso nunca fez mal a alguém. E com relação às drogas, só entra nelas quem quer.

— Sei não... – diz Valéria, pensativa — não gosto dessa ideia de sexo livre, transar só por transar.

Entregar-se às delícias do sexo é bom, mas com alguém que nos ame de verdade, que nos respeite, com quem se possa formar uma família.

— Mas que caretice! – exclama René. — Casamento é coisa do passado.

— Para mim não – contesta Valéria — e por uma razão muito simples: sexo gera corpos, e nesses corpos se reencarnam Espíritos. Deus me livre que eu tivesse nascido de uma transa com um cara qualquer, numa noite de festa e, ainda mais, com droga pelo meio. Deus me livre!

Valéria levanta-se, dizendo:

— Vou é para casa estudar um pouco.

Na dimensão espiritual, Lineu exclama, irritado:

— Essa Valéria é uma idiota! Não facilita nada. Se metade da população fosse como ela, não sei o que seria de nós. Com certeza estaríamos desempregados.

— Mas com o Otávio, pode apostar que vai dar certo – diz Maranhão, procurando demonstrar segurança.

— É bom mesmo que dê, porque se não o chefe vai ficar furioso.

— Deus me livre! – exclama Maranhão.

— Que foi que você disse? – pergunta Lineu, e fica olhando para ele com ar irônico.

— É o costume – desculpa-se.

MB-2 retorna à companhia dos colegas, sentindo que uma suave luminosidade havia surgido em seu estado de espírito.

— Estou te achando meio estranha – observa Lineu, olhando-a atentamente. — O que está acontecendo?

— Eu tenho andado pensando umas coisas...

Com ar preocupado, voltando-se para o companheiro, Maranhão pergunta:

— Será que ela pegou alguma corrente contrária?

— É bem possível – responde este, também demonstrando preocupação. — O ruim é que a gente nunca sabe se tem algum agente da luz por perto. E o pior é que muitos de nós somos vulneráveis a eles, por mais que tenhamos enterrado nossos sentimentos e cristalizado nossa consciência no mal.

— É disso que eu tenho medo – diz Maranhão. — Tenho visto muitos companheiros serem seduzidos pelos da luz. Sabe como?

— E quem é que não sabe? – pergunta Lineu, irritado. – Eles apelam mesmo... Pra valer! Vão buscar algum ente muito querido que já se elevou... Foi o caso do Golias, lembra? Foram buscar o amor da vida dele, que fazia séculos não se viam. Ela apareceu diante dele, linda, toda luminosa, mais meiga do que nunca e pediu-lhe que fosse com ela.

— Estou lembrado – responde Maranhão —, foi aquele chororó... O pobre do Golias não se aguentou. Foi embora com ela, mesmo sabendo que teria de reencarnar e sofrer feito um infeliz para pagar seus pecados... Coitado!

— É bom você ter muito cuidado – recomenda mais uma vez Lineu, dirigindo-se a MB-2. — Tem agente da luz em toda parte. Se a gente vacila, eles nos apanham e nos levam para as torturas da reencarnação.

— É... o chefe Baruz sempre diz isso – confirma Maranhão. — Ele nos recomenda a ficarmos observando os sofrimentos das pessoas reencarnadas, a fim de podermos avaliar com mais segurança as nossas escolhas, se queremos ficar aqui, no bem-bom, ou passar para o lado do Cordeiro e sofrer.

— Eu não sei se é bem assim. Tenho minhas dúvidas – fala MB-2. — Para ser franca, estou cheia de dúvidas. Quando vim para cá, não acreditava em Deus...

Os dois olham para ela, assustados.

— Não acreditava? – pergunta Maranhão. — Quer dizer que agora acredita? É isso?

MB-2 fica algum tempo silenciosa, ante a expectativa dos companheiros. Finalmente diz:

— Nem sei direito no que acredito. Minha cabeça está dando nó... Nestes últimos tempos, eu tenho visto muita coisa... Lembra o caso daquele acidente que provocamos? O daquele garoto, o Mariozinho, que ficou paralítico?

— Sim, me lembro – responde Maranhão. — O chefe tinha ódio do pai do garoto, seu Rosalvo... Ele é presidente de um Centro Espírita que tem nos dado muito trabalho.

— Esse mesmo – confirma MB-2. — O chefe queria lhe dar tanto problema e tanto sofrimento que ele teria de acabar abandonando o trabalho no Centro. Por isso ele encomendou o acidente. Não para matar o garoto, mas para deixá-lo aleijado.

— E daí? – pergunta Lineu.

— Daí, que nosso esforço não deu resultado. O pai não abandonou o trabalho. Ele levou o garoto ao Centro. Eu fui junto para ver se conseguia impedir, mas não consegui. Lá, o mentor disse que era ele, seu Rosalvo, o visado pelos "obsessores".

— Acertaram em cheio – exclama Lineu com um risinho sardônico, alertando:

— Toma cuidado com essa gente! Eles falam bonito, falam macio; falam no amor, no perdão... Mas quero ver é na hora que alguém lhes faz mal, mas mal mesmo, de verdade... Aí, minha cara, a coisa é bem diferente... Bem diferente!

Balançando a cabeça negativamente, MB-2 responde:

— Pois é justo aí que está o problema. Eles me viram lá... Um vidente me viu e disse para o seu Rosalvo que eu estava lá, e que eu era a culpada pelo acidente que deixou o filho dele paralítico.

— E aí? – perguntam os dois obsessores em uníssono.

— Pois ele falou comigo. Não me via, mas falou em voz alta, dizendo que me perdoava – explica MB-2 e, procurando esconder a emoção, continua: — Ele fez uma oração pedindo a Deus para me perdoar... E me ajudar...

— Vê se pode! – exclama Maranhão. — E você se deixou envolver. Ficou toda tocada... Não vê que eles são uns iludidos, uns fanáticos? Eles pregam o amor, a justiça divina, mas cadê essa justiça? O visado era o pai, mas foi o filho inocente quem pegou a rebarba e está lá todo troncho... Todo aleijado. Cadê a justiça?

— Pois é aí que a coisa se complica. Eles fizeram uma regressão com seu Rosalvo; fizeram com que ele voltasse no tempo, para uma vida passada, entendem? Naquela vida anterior ele era um fazendeiro, um daqueles coronéis que havia no interior e o Mariozinho era filho dele, um filho mimado, cheio de vontades, fazia tudo que queria e era um bocado perverso. Uma vez, colocou uns pregos na sela do cavalo do capataz. Ele tinha ódio do capataz.

Aí, o cavalo desembestou, o sujeito caiu e quebrou a coluna. Ficou aleijado.

— E o que tem isso a ver? – pergunta Maranhão.

— Vocês não entenderam? O Mariozinho está paralítico não por injustiça divina, mas pela própria justiça... lá de cima. Ele está pagando agora pelo mal que fez. Observem que o pai, o seu Rosalvo, que sofreu o acidente junto com ele, não teve nada.

— Mas você é mesmo muito ingênua – diz Maranhão com ironia. — O pai não teve nada no acidente, mas está aí, sofrendo com o filho aleijado.

— É... Eu também pensei nisso, mas eles disseram ao seu Rosalvo que a culpa dele era a de ter educado mal o filho naquela encarnação. Por isso ele agora estava procurando consertar o mal que havia feito.

— E você? Também foi falar com o mentor? – pergunta Lineu em tom sarcástico.

MB-2 sente tanta necessidade de desabafar, que não se importa com o sarcasmo e continua:

— Eles falaram sobre o carma e as leis da evolução com tanta segurança que eu fiquei balançada. Disseram que a reencarnação não é uma tortura, mas uma bênção, porque permite a qualquer Espírito que está em dívida com as leis cósmicas resgatá-las e ficar em paz com a própria consciência. Disseram também que muitas culpas são atenuadas e até mesmo perdoadas se o reencarnante mudar completamente sua maneira de ser, se trabalhar muito na obra do bem e desenvolver muita amorosidade.

— Você só pode estar ficando louca – esbraveja Lineu. — Ficou toda balançada, cheia de dúvidas ao escutar essas baboseiras. O chefe Baruz não vai gostar nada disso!

— Não digam nada a ele – pede MB-2. — Foi só um momento de fraqueza. Não vai se repetir. Prometo a vocês.

— Por falar nisso, vocês sabem quem foi que o chefe Baruz destacou para "cuidar" do Centro do seu Rosalvo? – pergunta Maranhão, e diante do ar de interrogação dos companheiros, responde a própria pergunta: — Foi o Juliano, aquele que chegou a ser bispo na França e que teve uma impecável atuação na noite de S. Bartolomeu, em Paris.

— Sei quem é – diz Lineu. — Ai, ai, ai, coitado do seu Rosalvo. Vai penar nas garras do Juliano.

— Pois é, – comenta Maranhão — acho que o chefe Baruz acertou em cheio. Aquele Centro nos tem dado muito trabalho. Eles são muito fortes. Das falanges que são enviadas para lá, grande parte acaba passando para o lado deles.

Com certa ansiedade, MB-2 pergunta:

— Vocês conhecem o Demétrius há muito tempo?

— Um bocado de tempo – responde Maranhão. – Por quê?

Sem responder à indagação, MB-2 continua a perguntar:

— De onde ele veio? De onde ele é? Vocês sabem alguma coisa sobre o passado dele?

— O nome é grego – diz Lineu.

MB-2 fecha os olhos como se estivesse procurando algo nas profundezas de si mesma e murmura:

— É... Ele deve ter sido alguém importante na antiga Grécia.

— Por que na antiga Grécia e não na moderna? – pergunta Lineu.

— Não sei... – MB-2 abre os olhos e, como se falasse consigo mesma, continua: — É uma lembrança muito vaga. Nem chega a ser uma lembrança. É talvez mais um sentimento que outra coisa.

CAPÍTULO 07

Regressão
Grécia Antiga

Mas não é apenas um sentimento que atrai MB-2 para a antiga Grécia. É um olhar manso, profundo, que amara acima de tudo. Os últimos acontecimentos estavam abrindo caminho para um mundo de sentimentos e algumas lembranças fugidias que estavam ocultas sob o esquecimento natural das reencarnações.

Afasta-se dos companheiros alegando outras atividades e vai isolar-se junto ao mar, no alto de um rochedo. Lá embaixo, as ondas quebram com força nas pedras, virando espuma branquinha como a neve.

Atrás de MB-2, sem que ela perceba em razão da grande diferença vibratória entre ambos, Dioguinho toca-lhe a cabeça com as pontas dos dedos, das quais partem chispas luminosas que penetram nos seus centros mnemônicos, trazendo à tona lembranças muito antigas.

Contemplando o vai-vem das ondas e sob o poder mental do filho, MB-2 vai entrando num estado alterado de consciência e já não é mais esse mar que contempla, e sim o da Grécia, num passado muito distante. Vê tudo como num filme, mas fazendo parte do mesmo.

Era uma bela madrugada, nas fímbrias do amanhecer. Sentada ao lado de Demétrius, sobre um alto penhasco, aguardavam o nascer do sol.

O astro-rei era para eles de uma importância soberana. Amantes da cultura egípcia, participavam de uma sociedade secreta que fora criada para resguardar os ensinamentos da uma religião monoteísta praticada pelo Faraó Akhenaton, há mais de 1.300 anos a.C. Estavam convictos de terem vivido naquela época nas terras banhadas pelo rio Nilo e tendo ali, junto àquele Faraó, aprendido a cultuar o sol como sendo a representação de Deus na Terra.

Abraçando-a carinhosamente, Demétrius falou:

— Amanhã, minha querida, vamos até o templo de Delfos ver se conseguimos um oráculo que nos esclareça por que os deuses não nos dão a alegria de termos filhos.

Pelos olhos de Sibelle – era esse o seu nome naquela encarnação — passou uma nuvem de tristeza. O que mais desejava era ter filhos, muitos filhos a correr pela casa, subir nos pés de oliva, galgar os penhascos que cercavam sua residência... Mas, com cinco anos de união, os deuses ainda não haviam lhes dado essa bênção.

Com os primeiros raios do sol começando a iluminá-los, olhou fundo nos olhos do esposo, para ver se havia resquícios de alguma mágoa por não ter lhe dado filhos, mas só encontrou amor e muito carinho.

Sorriu e o abraçou com força, dizendo:

— Se os deuses não nos deram essa alegria, meu querido, certamente há alguma explicação que não alcançamos.

Demétrius olhou-a de forma intensa, dizendo:

— Se fizemos algum mal para merecer isto, certamente foi em alguma vida passada, porque nesta nosso procedimento tem sido muito correto, muito digno e também fraterno. Que Aton nos conserve sempre assim, nos amando muito, apesar de quaisquer circunstâncias.

Vendo que o sol já começava a distribuir seus raios sobre o mar, levantaram-se, demonstrando o respeito e veneração que tinham pelo astro-rei.

Demétrius, com voz emocionada, falou:

"Poderoso Aton, tu representas diante de nós o Supremo Criador. Tu inicias a vida na Terra todas as manhãs ao te levantares no horizonte, e ao te deitares estás encerrando o ciclo diário de vida e atividades, trazendo a escuridão que nos permite repouso. Teus raios alcançam os países até ao extremo de tudo o que foi criado. Estás diante dos nossos olhos, mas o teu caminho continua a ser-nos desconhecido, e quando te levantas sobre o horizonte, majestoso, único, como agora, nós te reverenciamos com amor e com veneração. Sê bem vindo grande luz. Vem clarear os Espíritos e iluminar nossos caminhos."

Sibelle e Demétrius, emocionados, permaneceram por mais algum tempo contemplando o rio de luz que se formara no mar, cuja fonte era o sol nascente. Desceram em seguida pelo meio dos penhascos até a praia, caminhando de mãos dadas, deixando as marolas molharem-lhes os pés.

No dia seguinte, viajaram a Delfos para consultar a pitonisa. Foram felizes e voltaram angustiados. A pitonisa dissera que teriam o filho tão sonhado, mas que seria a sua desgraça.

Alguns meses se passaram e a profecia da pitonisa começava a cair no esquecimento, quando outro problema veio trazer grande desgosto ao casal. Laio, pai de Demétrius, se apaixonara loucamente por uma prostituta, Melissa, mulher de grande beleza e muita classe, que trazia os homens da nobreza a seus pés, e que acabou também se apaixonando por ele.

O romance do nobre grego com a prostituta foi o escândalo da época.

Dione, a esposa de Laio, acabou tomando conhecimento do que estava acontecendo e, ao tomar satisfações com o marido, ele preferiu abandoná-la para ir viver com Melissa.

Diante daquela humilhação, Dione acabou escolhendo a pior saída: suicidou-se.

Alguns meses mais tarde, Sibelle descobriu que estava grávida. Ao saber do fato, Demétrius teve uma estranha sensação, misto de medo e ódio. Fez o possível para que a esposa não percebesse, creditando o fato à conta da profecia da pitonisa.

A gestação de Sibelle foi bastante complicada, trazendo o casal sempre envolto em preocupações.

Chegou finalmente o dia do parto, com muito sofrimento para a mãe. Era como se a criança não quisesse vir ao mundo. Foi chamado o médico que conseguiu finalmente fazer com que o bebê nascesse, um belo menino. Quando Demétrius o segurou, voltou a experimentar, ainda com mais intensidade, aquela sensação mista de medo e de ódio que sentira ao saber da gravidez da esposa. Deu-lhe o nome Acácio, que significava "não mau", acreditando que assim poderia anular ou pelo menos atenuar a profecia.

Mas Sibelle, muito enfraquecida, não se recuperou, apesar de todos os cuidados médicos e da apelação aos deuses, vindo a falecer quando Acácio completava um mês de vida.

Em seguida, Sibelle via a si mesma na dimensão espiritual. Queria segurar o filho, abraçar o marido, mas não conseguia. Também não entendia porque ninguém lhe dava atenção. Acreditando ter enlouquecido, passava os dias subindo pelos penhascos, descendo para a praia, voltando para casa...

Mas onde estava seu filho, que já não o via há algum tempo?

Por que Demétrius chorava tanto e estava tão desesperado?

Ouvindo um e outro dos serviçais da casa, soube que havia morrido. Mas morrido como, se estava ali, sentindo-se viva como nunca?

Certa noite, quando o desespero se tornava insuportável, apelou para o deus Aton. Chorou muito e suplicou que a ajudasse, porque estava perdida dentro da vida, ou melhor, dentro da morte. Estava tão interiorizada na súplica que não percebeu que o aposento se iluminara e uma suave figura de mulher surgira diante dela.

— Sou Shani – falou a visitante, com voz suave. — Tenho te acompanhado ao longo de várias encarnações, procurando conduzir-te por caminhos mais luminosos.

Sibelle sentiu-se profundamente confortada, não apenas pelas palavras de Shani, mas principalmente por sua presença, que infundia confiança e paz.

— Vim buscar-te, minha querida, porque estás precisando repousar. É preciso que te afastes da Terra para retomar plenamente tua condição de Espírito que és.

Sibelle reagiu, quase aos gritos:

— Não posso ir embora enquanto não ver meu filho, saber como ele está.

— Acácio é acima de tudo filho do nosso Criador, que sabe conduzir os destinos de acordo com as necessidades evolutivas de cada um.

— Acácio é meu filho... Sou eu quem tem que cuidar dele! – exclamou Sibelle, revoltada. E continuou, agressiva: — Onde ele está? Quero ver meu filho! Quero ver meu filho!

— Acalme-se, minha querida. Você precisa primeiro cuidar de si mesma, para depois poder ver seu filho.

Mas a revolta de Sibelle fez com que seu teor vibratório baixasse a ponto de não mais perceber Shani, que teria de aguardar outro momento propício, a fim de ajudá-la.

Aos poucos MB-2 foi saindo daquele estado alterado de consciência e a recordação do que vivenciou na antiga Grécia foi sumindo de sua memória, assim como a fumaça que se esvai e não conseguimos reter. Levantou-se e voltou às suas atividades, enquanto pensamentos e sentimentos desencontrados lhe perpassavam pela mente e pelo coração.

Nas lembranças de Sibelle, despertadas por Dioguinho, não estavam incluídos alguns acontecimentos ocorridos após sua desencarnação. Para Demétrius, a perda da esposa a quem tanto amava, havia sido um sofrimento insuportável. Andava pela casa como se fosse um fantasma, ou então subia ao alto do penhasco para gritar seu desespero.

Não conseguia olhar para o filho, a quem culpava pela morte de Sibelle. Tamanha era sua dor e sua revolta que acabou entregando o menino a Eulálio, um mercador, para que o levasse embora.

Assim, Acácio foi criado no navio mercante de seu pai adotivo. Ao completar vinte anos, Eulálio contou-lhe de quem era filho e narrou o drama vivido por seus pais biológicos, por causa de seu nascimento.

Foi um grande choque para o jovem marinheiro que jurou vingar-se do pai por tê-lo descartado daquela forma. Queria também a sua parte na herança que lhe cabia. Insistiu tanto com Eulálio, que este acabou concordando em ancorar o navio próximo ao povoado onde ele nascera. Desembarcou, mas não foi logo à procura de Demétrius. Queria conhecê-lo primeiro. Instalou-se numa hospedaria e ficou aguardando uma oportunidade para encontrar o pai sem se identificar.

A essa altura, Sibelle, em Espírito, ainda continuava a procurar pelo filho, subindo aos penhascos onde permanecia horas a fio, gritando seu nome. Nessas andanças, foi vista algumas vezes por pessoas com vidência, e acabou ficando conhecida como o "fantasma dos penhascos".

Dois dias mais tarde, o hospedeiro chamou Acácio e lhe mostrou Demétrius que subia a rua, em direção à sua residência. Vendo-o assim, a seu alcance, sentiu que jamais iria gostar daquele homem. Seguiu-o até a casa onde nascera, mas não teve coragem de se aproximar. Pensou em sua mãe, a quem amara sempre, e imaginou-a vivendo ali... Teria sido feliz?

Estava tão absorto em seus pensamentos, que não percebeu a aproximação de Demétrius, que foi logo perguntando:

— Quem é você? O que faz aí, espiando a minha casa?

Acácio ficou olhando para ele com expressão insolente. Finalmente respondeu:

— Vim buscar o que me pertence.

Demétrius sentiu um calafrio percorrer-lhe as costas, adivinhando de quem se tratava.

— Perdeu a voz? – ironizou o jovem.

— Ah, é você então... O assassino de sua mãe! – exclamou Demétrius, com expressão de ódio.

Acácio estremeceu ante tão cruel agressão e partiu para cima do pai, disposto a matá-lo, tal o ódio que sentia, mas Demétrius deu-lhe um murro que o fez rolar ladeira abaixo. Acácio ergueu-se e voltou à luta, que ficou cada vez mais ferrenha, até que ambos acabaram rolando pelo penhasco.

Um vizinho, que de longe havia assistido a tudo, foi encontrar os dois corpos sobre as pedras, junto ao mar.

Pai e filho, depois da desencarnação, em razão das vibrações pesadas que desenvolviam, foram atraídos a regiões espirituais muito baixas, onde permaneceram por muito tempo, sempre em litígio um com o outro.

Sibelle também assistira a tudo, sem nada poder fazer. Seu desespero foi sem limites ao ver seus dois amores engalfinhados numa briga mortal e, depois que desencarnaram, não mais conseguiu vê-los. No extremo do desespero e da angústia, subiu ao topo do penhasco de onde costumava saudar o sol nascente junto com Demétrius, nos tempos felizes de sua vida na Terra. Passou a noite ali, perguntando a si mesma sobre o porquê de tanto sofrimento. Acreditando na reencarnação e na lei de causa e efeito, acabou concluindo que tudo se devia a faltas cometidas por eles contra as leis cósmicas em vidas anteriores. Essa ideia lhe deu certo alívio, porque naquele momento entendia que nada estava definitivamente perdido e decidiu então que iria lutar para que seu pequeno grupo familiar pudesse vir um dia a se reencontrar em bases onde o perdão e o amor pudessem dominar.

Sibelle não podia perceber que era Shani quem praticamente conduzia seu pensamento, ajudando-lhe o raciocínio a buscar luz nas fontes superiores da vida.

A presença da mentora espiritual acalmou-a, e Sibelle acabou adormecendo em seu regaço, sobre o penhasco.

Quando já findava a madrugada, Shani fez com que Sibelle despertasse e continuou conduzindo seus pensamentos no sentido de buscar amparo em Deus. Os primeiros raios do sol já começavam a iluminar o alto dos penhascos quando Sibelle levantou-se com demonstrações de respeito e veneração, como fazia ao lado de Demétrius, e falou:

"Venerado Aton, representante do Criador na Terra, humildemente imploro amparo e ajuda para meus entes mais queridos, meu esposo Demétrius e meu filho Acácio. Creio que eles se encontram no reino das trevas, por causa do ódio de que estão possuídos e pelas faltas cometidas contra as leis cósmicas. Ampara-os, Grande Aton, e os conduz ao caminho da paz e do amor."

Enquanto Sibelle orava, de seus olhos rolavam grossas lágrimas. Silenciou por momentos, tomada de grande emoção. Ela não percebia, mas em razão da petição tão sincera e da boa emoção que estava desenvolvendo, do alto descia sobre ela uma espécie de orvalho de luz que a envolvia e penetrava em seu corpo espiritual na forma de bem-estar. Mais calma, continuou a oração:

"Grande Aton, eu agradeço imensamente pelo alívio que estou sentindo... E volto a pedir: faz com que eu encontre meus amados onde quer que estejam e me ajuda a auxiliá-los. Dá-me forças para trilhar o caminho do bem, do amor e da paz."

Permaneceu por mais algum tempo de olhos fechados, completamente interiorizada na oração. Ao abri-los finalmente, viu Shani a seu lado que a abraçou, dizendo:

— Agradeçamos a Aton, minha querida! Finalmente, você está encontrando o caminho que deve seguir para a sua evolução espiritual e a de seu pequeno grupo familiar.

As duas continuaram por algum tempo conversando, fazendo planos para o futuro. Em seguida, Shani conduziu a tutelada para uma instituição, na dimensão espiritual.

CAPÍTULO 08

Rosália

Depois daqueles episódios na Grécia, que emergiram das lembranças de MB-2, os três voltaram a reencarnar sempre separados uns dos outros. Finalmente, reencontraram-se na Espanha, no século XVIII, onde Demétrius recebeu o nome Alfonso, e Sibelle foi batizada como Rosália, ambos filhos de camponeses. Quando adultos, casaram-se e tiveram três filhos. Foram felizes até quando Alfonso foi preso injustamente sob suspeita de heresia, denunciado por Genésio, um vizinho a quem dera uma surra por ter faltado com o respeito à Rosália.

Após dois meses, chegou à aldeia o inquisidor enviado para julgar o caso de Alfonso. Chamava-se Dom Diego, e Rosália foi procurá-lo a fim de interceder pelo marido. Ao vê-la, o religioso ficou impressionado com sua beleza. Depois de ouvi-la, procurando não deixar transparecer o que sentia, falou:

— Creio que a senhora sabe que a situação de seu marido é muito difícil, e não apenas a dele, mas também a sua e a de seus filhos. Temos muitas provas de que vocês são hereges.

— São provas forjadas! – exclamou Rosália em desespero, ajoelhando-se aos pés do inquisidor e suplicando clemência.

Dom Diego ergueu-a e, sem muitos rodeios, disse que se ela se prestasse a estar com ele por duas horas, seu marido seria solto. Caso contrário, a família inteira acabaria na fogueira.

Rosália lembrava-se de um ato daquela natureza que havia assistido quando estivera na cidade, e as terríveis cenas que presenciara nunca mais saíram de sua memória. Os condenados, um casal de ricos proprietários de terras, que todos sabiam ser inocentes, eram vítimas da cobiça da Igreja, que ficaria com todos os seus bens. Os carrascos, num requinte de maldade, haviam soltado os longos cabelos da mulher e ateado a fogueira dela primeiro, para que o marido pudesse presenciar a cena, vendo as labaredas crescerem lentamente e, ao alcançarem o cabelo da esposa, subirem rapidamente até sua cabeça. O público que lotava a praça vibrara intensamente com o espetáculo. Depois, permaneceu apenas o cheiro de carne queimada a se espalhar e os horríveis gritos dos condenados, diminuindo até se transformarem em esgares de morte.

No auge do desespero, Rosália pensou nos filhos e no esposo a quem amava profundamente, e sentiu que não suportaria que tal coisa acontecesse com sua família. Conhecia o poder da Igreja e a perversidade da Inquisição. Sabia das torturas inomináveis que eram praticadas para que um prisioneiro confessasse seus crimes, mesmo que fosse absolutamente inocente, e o pior é que não havia saída. Se o acusado não confessasse, acabaria morto na tortura; se confessasse, seria morto na fogueira. Em desespero, atirou-se aos pés do inquisidor, suplicando:

— Por Deus, eu lhe peço. Por esse Deus que o senhor representa. Salve minha família, mas não me peça semelhante sacrifício.

Os soluços de Rosália eram de partir o coração, mas o homem que estava dentro da batina não se condoeu:

— Eu prometo que vou salvar sua família, mas com a condição que lhe apresentei – e ante a indecisão da mulher, exclamou: — Decida-se logo! Estar comigo por duas horas, ou a fogueira...

Rosália não teve escolha e aceitou a imposição de Dom Diego. Quando saía da Igreja, duas horas mais tarde, estava com a alma esfrangalhada, e teve de fazer um esforço sobre-humano para não deixar transparecer, temendo que descobrissem o que havia acontecido, mas ao chegar à rua viu Genésio na porta de uma taberna, olhando-a com ironia. Estremeceu, pressentindo grandes sofrimentos.

Dom Diego cumpriu o prometido e, passados alguns dias, Alfonso foi libertado com a alegação de que não havia provas contra ele. Ao sair da prisão, Genésio o esperava, montado num cavalo, e foi logo dizendo com ironia:

— Você me agrediu para defender a honra da sua mulher, mas aceitou que ela cedesse seus encantos a Dom Diego, para livrá-lo da prisão.

Afastou-se em seguida a galope, com medo da reação de Alfonso. Este sentiu como se a terra se abrisse debaixo de seus pés, fazendo ruir seu mundo. Aos poucos, foi recuperando um pouco do comando de si mesmo e partiu correndo para casa, nutrindo um fio de esperança de que aquilo tudo fosse mentira, mas, ao ver a expressão de Rosália, a esperança dissipou-se completamente, deixando em seu lugar um abismo de dor.

Ao vê-lo, Rosália compreendeu que não adiantariam explicações nem justificativas. Estava tudo acabado. Seu mundo de felicidade viera abaixo de forma irremediável. Mas não se arrependeu. Antes perder o ser amado do que vê-lo nas torturas da Santa Inquisição.

Alfonso voltou à aldeia à procura de Dom Diego, para matá-lo, mas este já havia ido embora. Por mais que tentasse, não conseguiu qualquer informação sobre o paradeiro do inquisidor nem onde poderia encontrá-lo. Resolveu então voltar para casa, lembrando-se de que tinha três filhos para criar. Quanto à Rosália, entendia seu sacrifício, mas sentia que não poderia perdoá-la. Teria preferido morrer na fogueira a aceitar o que havia ocorrido.

Algum tempo depois, Rosália percebeu que estava grávida e o filho só poderia ser de Dom Diego, porque o marido estivera preso por mais de dois meses. Seu desespero foi atroz. Que fazer? Contar a Alfonso? Não teria coragem. Conhecendo a natureza orgulhosa do esposo, tinha certeza de que ele não resistiria.

Os dias foram passando lentamente, carregados de sombras e de angústia. Rosália procurou disfarçar o quanto pôde seu estado, mas já com quase cinco meses de gestação, entendeu que não poderia ocultar por mais tempo e, numa tarde ensolarada, abraçou os filhos, beijou-os muito e tomou o caminho de um alto rochedo, que se erguia a certa distância de sua casa. Conforme ia subindo pelas encostas de pedra, sentia como se fossem retiradas de cima dela camadas de um material escuro que lhe envolvia a alma tão sofrida. Não podia ver, mas tal ajuda lhe era dada por Shani, aquele mesmo Espírito que a havia amparado na Grécia.

Chegando ao cume do rochedo Rosália sentou-se. Queria ficar alguns minutos sem pensar, apenas contemplando a paisagem. Desde criança, costumava subir nos rochedos e ficar ali, olhando o mundo lá do alto e procurando sentir a presença de Deus. Nessas ocasiões, gostava de parar o pensamento, deixá-lo em estado apenas latente, no silêncio da contemplação.

Era maravilhoso. Aos poucos deixava de ver pelos olhos carnais, passando a enxergar outras paisagens, outros ambientes, mas de uma forma diferente, muito mais ampla, como se essa visão lhe trouxesse também informações sobre o estado espiritual dos lugares que visitava, podendo sentir a vida em toda a sua plenitude. Eram lugares magníficos, belíssimos jardins, grandiosas construções cujas torres alcançavam alturas infinitas. Mas o mais maravilhoso, o mais divino era a percepção desses ambientes. Era tamanha a sensação de paz e de felicidade que seria impossível descrever.

Rosália tentou parar o pensamento como fazia quando criança, mas não conseguiu. Não havia espaço para o silêncio, apenas angústia e aflição. Deitou-se numa fenda da rocha e adormeceu. Ao sair do corpo físico, viu Shani, que lhe estendia os braços. Abraçaram-se longamente e ela pôde chorar todas as lágrimas que estavam contidas.

Quando se acalmou, Shani convidou:

— Venha sentar-se aqui nesta pedra, junto de mim. Vamos conversar um pouco.

Rosália olhou em torno e viu seu corpo físico na fenda da rocha. Perguntou assustada:

— Como é que eu estou aqui e ali ao mesmo tempo?

— Seu corpo físico está apenas adormecido – respondeu Shani — e você agora está em seu corpo espiritual... Na dimensão espiritual.

Rosália ficou olhando o corpo adormecido, pensando que em breve estaria morto, pois o que ela pretendia era atirar-se do alto do rochedo, para acabar com tanto sofrimento e livrar o marido da vergonha que vinha carregando.

Shani percebeu o que Rosália estava pensando, mas preferiu nada dizer. Segurou sua mão e ajudou-a a sentar-se a seu lado, dizendo:

— Observe seu corpo adormecido. Dentro dele há um ser humano em formação, seu filho. Não importa se foi gerado da maneira como foi, nem que seja filho de um homem sem consciência... ele é, acima de tudo, seu filho.

— É um filho que não quero trazer ao mundo para sofrer – respondeu Rosália, sufocando um soluço. — Além disso, ele iria provocar um sofrimento inominável para o Alfonso... e cobrir de vergonha minha família. Não posso fazer isso com eles.

Abraçando-a carinhosamente, a benfeitora espiritual falou:

— Minha pequena Rosália, você está vivendo um momento muito, muito difícil, mas não injusto.

Rosália ergueu-se, revoltada, dizendo num arranco:

— Como não é injusto? O que eu fiz para merecer tamanho sofrimento?

Shani puxou Rosália suavemente e a fez sentar-se a seu lado novamente. Depois de alguns instantes de silêncio, como se estivesse procurando as palavras certas, falou:

— Nesta encarnação você nada fez para merecer o que está acontecendo, mas tudo isso teve começo há muito, muito tempo, no Antigo Egito, durante a 18ª dinastia, mais precisamente na era do faraó Akhenaton.

— Não estou entendendo. Pode explicar isso?

Shani refletiu por alguns instantes e começou a narrativa, que Rosália ouvia em silêncio.

— Eu também vivi no Egito, naquela época. Você era minha irmã e se chamava Jamila. Nosso pai era sacerdote do templo de Aton. Nós duas éramos muito unidas. Éramos bastante inteligentes e tínhamos muita sede de conhecimentos. Estávamos nos preparando para sermos sacerdotisas no Templo de Ísis, quando você conheceu Akila, um jovem garboso, com o qual acabou se casando. Mas Akila era muito violento e quando bebia batia muito em você e a forçava a ter com ele relações sexuais... diria, estranhas, para não dizer bizarras. Com pouco tempo de casados, você descobriu que, além da bebida e da violência, ele tinha amantes. Foi demais. Você havia se aprofundado em estudos sobre as práticas mágicas e principalmente sobre as ervas, umas para curar, outras para matar... e escolheu estas últimas. Akila foi ficando adoentado, fraco, tinha visões estranhas e acabou morrendo em meio a muitos sofrimentos, sem que se descobrissem as causas. Eu mesma só fiquei sabendo da sua culpa na morte dele, depois que retornei ao mundo dos Espíritos.

— Meu Deus! – exclamou Rosália, e depois de algum tempo, segurando a cabeça com as duas mãos, falou: — É uma lembrança muito vaga, fugidia... Eu me vejo manipulando um veneno... Da minha janela posso ver o Nilo, magnífico, deslizando suavemente em seu leito e penso se não seria melhor eu me atirar às suas águas... Mas, depois me lembro dos meus sofrimentos, da vergonha que aquele canalha me fazia passar, do ódio e da repulsa que sentia, e continuo a manipular o veneno, firme em minha decisão de vingança.

As duas ficaram em silêncio por algum tempo, até que Shani continuou:

— Mas não foi só isso. Pouco tempo mais tarde você descobriu que estava grávida e ficou horrorizada com a ideia de que trazia em seu ventre um filho do homem a quem abominava. Esse fato deixou-a profundamente revoltada e...

— E então? – perguntou, ansiosa.

— Você cuidou de abortar a criança. Sabia como fazê-lo, e fez.

Shani silenciou por instantes para que Rosália pudesse assimilar a importância daquela informação, e continuou:

— Passados dois anos, você conheceu Salama e ambos logo se apaixonaram um pelo outro. Ele era oficial da guarda do faraó. Também era viúvo e tinha um filho adolescente, que se chamava Monifa. Vocês se casaram e viveram um amor muito lindo, até que...

— Até que... O que aconteceu? — perguntou Rosália.

— Você continuou frequentando o Templo de Ísis onde era muito bem quista pelas sacerdotisas. Elas lhe transmitiam vários ensinamentos, principalmente sobre energias e sua utilização na cura de diversos males. Mas seu enteado, o Monifa, conforme se fazia homem, ia nutrindo por você sentimentos que ele entendia como sendo pecaminosos. Você era muito bela, e ele costumava espiá-la às escondidas quando você tomava banho.

Shani fez pequena pausa, respirou fundo e continuou:

— O interesse de Monifa por você acabou se transformando numa paixão indomável, e ele já começava a arquitetar planos, visando satisfazer seus desejos.

— E eu? Qual era meu sentimento com relação a ele?

— Você gostava muito dele, mas como se fosse um filho.

— O que aconteceu então? – perguntou Rosália, muito interessada, pois conforme Shani ia falando, ela sentia aquelas ocorrências repercutindo fortemente em seu íntimo, como se as lembranças ocultas sob o esquecimento reencarnatório, estivessem forçando passagem para o seu consciente.

— Certa tarde, seu esposo – continuou Shani — quando estava em serviço no palácio, encontrando-se com o filho, pediu-lhe para dizer a você que não o esperasse, pois ele estaria de serviço naquela noite. Era o momento que Monifa aguardava ansiosamente. Ao chegar a casa, disse a você que não esperasse Salama para o jantar, porque o mesmo jantaria no palácio.

Shani fez pequena pausa, que Rosália não quis interromper, apesar da ansiedade que sentia.

— À noite, depois que você se retirou para os seus aposentos, Monifa esperou uma hora, para ter certeza de que já estava dormindo. Então, ele entrou no seu quarto, que se encontrava quase no escuro, fingido ser o pai, e o resto... pode imaginar. Sonolenta e sem estar completamente acordada, você nada percebeu e continuou a dormir até a madrugada, quando Salama chegou a casa, encontrou você e seu enteado dormindo abraçados.

Rosália deu um gemido, "sentindo" a lembrança daquele terrível momento, quando seu amado entrou no quarto e deparou com ela deitada nos braços do outro. A expressão do rosto de Salama, um misto de ódio e desespero, acompanhou-a durante o resto daquela existência.

Shani acariciou-lhe o rosto, os cabelos, e falou mansamente:

— Monifa conseguiu levantar-se rapidamente e fugir pela janela, antes que a espada do pai e marido ultrajado o alcançasse. Quanto a você, só não morreu porque Salama, ao ver suas expressões de amor ao olhar para ele e, em seguida, de horror, ao ver o enteado a seu lado na cama, ficou cheio de dúvidas. Seu coração apaixonado não conseguia crer em sua culpa, embora a razão e o ciúme lhe dissessem que você não era inocente. Diante disso, seu braço ficou paralisado, segurando a espada no ar, pronto para enterrá-la em seu peito.

— Meu Deus, que drama horrível! – exclamou Rosália. Depois de instantes de silêncio, disse: — Não entendo como fui capaz de assassinar um marido e... fazer um aborto!

— Depois desse drama – continuou Shani — você ficou confinada em casa pelo restante dos seus dias, trabalhando como uma serviçal, sem qualquer contato com seu marido. Salama se achava no direito de matá-la, mas como a amava muito e nunca teve certeza da sua culpa ou inocência, a dúvida e o ciúme o levaram a optar por tê-la por perto e vê-la humilhada e sofredora.

Ao ver sua tutelada tão chocada pelas revelações e sofrendo profundamente, Shani abraçou-a com carinho e Rosália desatou a chorar longamente. Era um choro que liberava emoções e sofrimentos antigos e atuais. Finalmente, quando se acalmou, enxugou as lágrimas e ficou olhando por algum tempo a linha do horizonte, recortada por uma série de montanhas azuladas. Finalmente, falou:

— E o que foi feito de Akila, de Salama e de Monifa?

— Akila, o marido que você assassinou, era um Espírito muito primário. Ele voltou a reencarnar vários anos mais tarde, e não tivemos mais notícias dele. Quanto a você, teve algumas reencarnações bastante difíceis, em processos de aprendizado e de resgate das ações que havia praticado contra as leis cósmicas. Também teve ocasião de perdoar Monifa pelo mal que ele lhe havia feito, recebendo-o como filho, mas a gestação não chegou a termo.

Como Shani silenciasse, Rosália perguntou:

— E Salama, que foi feito dele?

— Você e Salama passaram muitos séculos separados, até que finalmente se reencontraram na Grécia, quando você se chamava Sibelle e ele recebeu o nome Demétrius. Foi um reencontro de almas afins, mas a felicidade de ambos não durou muito, porque havia resgates e reajustes a serem feitos.

Shani falou-lhe então sobre as ocorrências daquela encarnação, quando ela, que então se chamava Sibelle, havia morrido pouco depois de ter dado à luz Acácio.

—Acácio? – perguntou Rosália, como se algum fio de lembrança surgisse em sua mente.

— Sim, Acácio era Monifa, que retornava à matéria numa tentativa de se reconciliar com Salama, mas o ódio foi mais forte e ambos acabaram morrendo juntos e continuaram por muito tempo a se digladiarem na dimensão espiritual.

— E Alfonso? – perguntou Rosália, enquanto suas feições se tornavam suaves com aquela lembrança. — Pelo muito que o amo, só pode ser Salama, que depois foi Demétrius...

Shani sorriu fazendo um gesto afirmativo com a cabeça, e perguntou:

—Você tem ideia de quem é essa criança que se encontra ali, no seu ventre?

Rosália refletiu um pouco e respondeu:

— Será Monifa?

Shani sorriu novamente, dizendo:

— Exatamente. Monifa, que depois foi Acácio. Vê como é importante você esquecer qualquer ideia de suicídio? Você está tendo mais uma oportunidade para um perdão pleno e a pacificação entre vocês dois. Só fica faltando Salama-Demétrius-Alfonso para você poder finalmente reunir sua pequena família em bases de paz e de harmonia.

Rosália ficou pensativa e Shani aguardou que ela se refizesse de todas aquelas informações chocantes e emoções fortes.

— Que será de mim? – exclamou Rosália finalmente. — Não posso voltar para casa, Alfonso não irá suportar, quando souber que estou grávida daquele miserável. Ele será capaz de ir atrás dele para matá-lo.

Shani, desejando testar sua pupila, falou:

— Você pode ir para um convento até a criança nascer, entregá-la à adoção e depois voltar para casa.

Rosália revoltou-se:

— Isso nunca! Eu jamais irei abandonar meu filho, mesmo que tenha de pedir esmola para nos manter.

Shani sorriu satisfeita, ante a resposta de sua pupila, e disse:

— Muito bem, minha querida. Eu estarei sempre a seu lado, ajudando-a conforme me for permitido.

Rosália conseguiu abrigo no convento, onde teve o filho e permaneceu lá por dez anos, quando ela e o menino desencarnaram de uma epidemia que grassou na região.

Alfonso viveu para os três filhos até sua morte, aos 63 anos, sempre amargurado e amaldiçoando a Igreja Católica. Reencarnou em Viena, em meados do século XIX onde, já idoso, começou a se interessar pelas questões ligadas ao psiquismo humano. Retornando à dimensão espiritual, aprofundou estudos nesse sentido. Aos poucos, recuperou algumas lembranças de sua encarnação na Grécia e passou a adotar o nome que então usara, Demétrius. Os inimigos da luz, sempre atentos, conseguiram atraí-lo para suas hostes, na qualidade de psicólogo.

CAPÍTULO 09

Indução ao Suicídio

Na praça que fica perto do Viver, os três MBs aguardam. De repente, Lineu exclama:

— Olha ali, o Otávio está chegando. Vou chamar o chefe.

Lineu sai apressado, enquanto Otávio chega à praça com ar desanimado, indo sentar-se num banco próximo à banca de bombons do seu Raimundinho. Há mais de uma semana, vem sentindo estranhas dores de cabeça, tonturas, mal-estar e desânimo. Tudo isso acrescido de problemas no Viver, tais como desentendimentos, intrigas e má vontade de uns e de outros.

— Bom dia, seu Otávio! — seu Raimundinho cumprimenta, olhando-o atentamente. – Hum... O senhor tá com uma cara...

— É, seu Raimundinho, tenho andado adoentado. As coisas estão indo mal comigo...

Seu Raimundinho esfrega as mãos, coça a cabeça, dá uns passinhos pra lá e pra cá, criando coragem, até que finalmente fala:

— Não leve a mal, não, seu Otávio, mas eu acho que o senhor devia mandá se benzê... Ou então, falá com o padre Requião e pedir uma missa...

— E por que, seu Raimundinho?

— É que esses dia eu ando vendo umas coisa...

Ao virar a cabeça, seu Raimundinho leva um susto ao ver Baruz e os MBs se aproximando. Sai correndo até o canto da praça, sempre acompanhado do filho. Fala em voz alta, monologando.

— Coitado do seu Otávio. Aqueles esprito ruim tão querendo aprontá alguma boa com o pobre...

Virando-se para o filho, pede:

— Vamo rezá por ele, meu fio. Ele é um moço bão. Num merece ser perseguido desse jeito.

Os dois se ajoelham, ocultos por algumas plantas, e pedem a Jesus e a Maria para proteger Otávio, livrando-o daqueles Espíritos maus.

Este, muito abatido, murmura:

— Está muito difícil, meu Deus, muito difícil...

Os MBs o cercam, rodando as capas sobre ele, envolvendo-o em energias pesadas. Baruz se aproxima e fala lentamente perto do seu ouvido:

— Não adianta lutar, Otávio. As pessoas são muito falsas e traiçoeiras... e são muito comodistas. Veja o seu grupo, você se dedica, dá tudo de si e só tem encontrado ingratidão e desilusões. Não acha que é melhor acabar com o grupo e cuidar da saúde? Sua vida é tão cheia de problemas, só problemas e desilusões... Você está cansado e doente.

Baruz observa as reações de Otávio e continua, com ar satisfeito, mas em tom insinuante:

— A vida é muito triste. É dolorosa... Pra que viver? Seria bem melhor morrer, voltar para o mundo espiritual.

Nesse ponto, Baruz se concentra, criando mentalmente um ambiente aprazível, envolvendo Otávio.

— No mundo espiritual tudo é paz, é alegria – continua a dizer Baruz, com voz insinuante. — Saia da Terra... acabe com essa vida de sofrimentos, de frustrações, de amarguras. Vamos, acabar com a vida é tão fácil...

Sempre sob assédio dos obsessores que o envolvem em energias hipnóticas, Otávio repete, sem perceber:

— Acabar com a vida... morrer...

Coloca as mãos na cabeça, angustiado. MB-2 toca-lhe a testa com as pontas dos dedos e faz alguns gestos estranhos, demonstrando possuir conhecimentos avançados no terreno das energias. Baruz continua falando perto do ouvido de Otávio, em tom cada vez mais insinuante:

— Você está doente e cansado. Muito cansado. Morrer é bom... é descansar de tudo, de tudo. Vamos, é tão fácil. É só se jogar dali, do alto daquele prédio... e descansar. Vamos.

Otávio levanta-se como autômato. Olha em torno com ar alucinado e fala de forma automática:

— Morrer... descansar de tudo...

Baruz, com expressão radiante pela vitória que já saboreia, continua:

— Sim, Otávio, morrer, descansar... Vamos... é tão fácil.

Otávio começa a caminhar na direção do edifício indicado por Baruz, mas para, assustado:

— Não! Eu não posso fazer isso. Não posso negar a vida. O sofrimento dos suicidas é terrível!

Baruz, com expressão raivosa, grita:

— Isso é coisa que inventaram... – acalma-se, voltando a falar junto ao ouvido de Otávio, em tom hipnótico:

— Morrer é bom... é descansar. Vamos.

Otávio, em grande aflição ao perceber que estivera perto de praticar um ato tão terrível, ajoelha-se ali mesmo no chão, implorando, angustiado:

— Meu Deus, me ajuda! Me ajuda, meu Deus... me ajuda... me ajuda!

Aos poucos vai se acalmando e sentindo-se mais dono de si. Levanta-se e exclama:

— Acho que são Espíritos malfeitores que estão me botando essas ideias na cabeça. E eu quase me deixei arrastar por eles. Meu Deus, eu preciso estar mais atento. Preciso orar mais, vigiar mais.

Os MBs estão furiosos, fazendo gestos de raiva e desgosto ao ver abortados seus planos nefandos. O Emissário da Luz e Gideão, que estavam na praça, fazem-se visíveis aos Espíritos malfeitores. Baruz, ao vê-los, exclama com expressão de susto, enquanto foge, seguido pelos MBs:

— O Emissário da Luz!

Gideão estende a mão na direção de seu Raimundinho que, sob o comando dessa força, chega perto de Otávio, dizendo:

— Me adesculpe seu Otávio, mas eu ouvi o sinhô dizê que qué acabá com a vida... Num faz isso não, home de Deus!!! A vida num pertence a nenhum de nóis. Num fomo nóis que criamo ela. E olha... num tem nada nesse mundo de tão ruim que se matá num seja pior ainda.

— Obrigado, meu amigo – diz Otávio. — Eu sei disso, mas não sei o que me deu, estou num momento muito difícil.

Seu Raimundinho continua:

— Sabe seu Otávio, a vida, seja ela de quarqué jeito, é uma dádiva que a gente tem que agradecê e respeitá. Lá no sertão, quando Deus num manda chuva, ninguém num fica se mardizeno não, só fica triste. Dá aquela tristeza de vê o gado morreno de sede, os menino ficano tudo magrin, magrin, e adespois que num tem mais nenhuma gotinha de água pra moiá a guela... é botá as troxa na cacunda e tomá o rumo da cidade grande pra vê se consegue ao menos uns restinho de comida pra num morrê de fome.

Admirado, Otávio fica olhando seu Raimundinho, que continua, com ar sonhador:

— Ah, mas quando Deus se alembra de nóis e manda um bom inverno, todas as coisas canta de alegria. Os arvoredo se abraça e sorri pras gotas d'água que vem do céu. E tudo vai ficano verdim, verdim... da corzinha da esperança que tem no coração de todo sertanejo.

E, olhando diretamente para Otávio, conclui:

— Pra quê falá em morrê, seu Otávio, se a vida é tão bonita. As dificurdade foi Deus que feiz que é pra nóis aprendê a vencê elas. Se num fosse assim, quem é que ia crescê nesse mundão de meu Deus?

— É claro que o senhor tem razão, seu Raimundinho – responde Otávio já recuperado, dono de si mesmo. — Eu acredito na vida. Deus me livre de uma loucura dessas! Não sei como fui dizer uma bobagem desse tamanho.

— Mas eu sei – diz seu Raimundinho, com convicção. — Eu vi os vurto escuro em roda do senhor.

Um cliente se aproxima da banca, e seu Raimundinho vai atender. Otávio, sentindo que precisa refletir sobre a ocorrência, volta a se sentar no banco da praça. O Emissário se aproxima, envolvendo-o em vibrações luminosas, conduzindo seu pensamento:

— É... Seu Raimundinho tem razão. Deus é Pai e Ele há de nos ajudar. Eu não posso fraquejar. O grupo precisa de mim.

Erguendo os olhos para o firmamento, ora, mentalmente:

— Senhor do universo, dá-me força e coragem para continuar. Ajuda-me a ter esperança... – permanece silencioso por instantes, e conclui: — Eu sei que a resposta do céu há de chegar.

O Emissário move as mãos em círculo em torno de Otávio. Suas feições vão tomando ar de profunda serenidade. Fecha os olhos, dizendo mentalmente:

— O ambiente mudou. Sinto presenças de luz em torno de mim. São assim como brisas suaves me acariciando... – respira profundamente e continua seu monólogo interior. — Agora eu sei que não estou sozinho. Que sensação divina! É como se tudo se iluminasse e se enfeitasse para receber algum augusto visitante.

— Abençoado sejas pelo teu esforço, por tua fé, pelo teu amor – diz o Emissário. — Continua firme em tua caminhada, Otávio, que o Céu te ajudará.

Mas Baruz não perde tempo. Em seu quartel general, depois de extravasar a raiva, xingando e dando pontapés nos móveis, como é seu costume, assessorado por Demétrius, dá novas orientações aos MBs que saem apressadamente, satisfeitos por se verem longe do seu temido chefe.

CAPÍTULO 10

A Festinha

No dia seguinte, Valéria, Diana e René, voltando do Viver, atravessam a praça, parando na sorveteria.

Acompanhando-os, os MBs e Demétrius. O Grande Psicólogo do Mal faz um gesto significativo, e ordena:

— Trabalho para vocês.

Maranhão e Lineu se aproximam dos jovens e se colocam atrás deles, procurando envolvê-los em sua influenciação, principalmente à Valéria, enquanto Demétrius se afasta para outras atividades. Só MB-2 permanece à parte, com ar pensativo.

— E aí, Valéria, já resolveu? – pergunta Diana em tom insinuante. — Você não pode deixar de ir.

— Sei não... Nessa festa vai rolar muita bebida... e também drogas.

— Que é isso, Valéria? – argumenta René. — Nós não vamos beber muito e muito menos usar drogas. É a festa de despedida do Carlos. Ele vai para o exterior e vamos ficar muitos anos sem vê-lo.

— Nós somos jovens – reforça Diana. — Ninguém pode passar o tempo só rezando. Isso, minha cara, seria fanatismo. Eu acho que o importante é a gente ter o coração cheio de amor... Não é verdade, René?

— É claro, Diana... Eu é que não vou perder essa festa. Vai ser uma loucura!...

Duas horas mais tarde, René e Diana, acompanhados invisivelmente por Maranhão e Lineu, conversam com Otávio.

— Vamos, Otávio, é só uma festinha – diz René, olhando de soslaio para Diana, um olhar de cumplicidade. Esta, entendendo, diz para Otávio, em tom humilde:

— É pra provar que não ficou com raiva da gente – e para tranquilizá-lo, conclui: — É só uma festinha de despedida para o meu primo que vai embora para o exterior.

Otávio pensa um pouco e responde:

— Está bem, eu vou com vocês...

***

A festinha conta também com a presença espiritual de Maranhão e Lineu que vêm conseguindo comandar Diana e seu parceiro René, com perfeição. A jovem coloca algo num copo com bebida que entrega a Otávio e afasta-se para observá-lo. Este, aos poucos, vai perdendo o controle, bebendo mais e mais... Dança sozinho no meio da sala, até que Diana se aproxima trazendo uma minissaia, sapatos altos e apetrechos de maquiagem dizendo que quer vê-lo desfilar vestido de mulher. Algum tempo depois, Otávio desfila como Diana deseja, sob os aplausos dos demais. Incentivam-no, em seguida, a despir-se sensualmente e ele o faz. Aos poucos, os demais também vão tirando as roupas, numa permissividade onde tudo era "festa", desde sexo às drogas.

René e Diana tiram várias fotos de Otávio nas mais comprometedoras circunstâncias. Estão sóbrios, porque cumprem a missão que lhes foi encomendada pelos trevosos.

— Quero ver agora se ele ainda vai dar uma de santinho e ficar humilhando os outros – fala René, com um maligno riso de satisfação.

— Não devíamos ter feito isso – diz Diana, levemente arrependida e com pena de Otávio. — Imagino como é que ele vai se sentir depois que passar a carraspana. Coitado...

— Pois, eu faço questão de contar tudo a ele, em detalhes... e lhe mostrar as fotos, todas elas – responde René, com ar vitorioso.

***

No dia seguinte, Otávio custa a acordar com o toque insistente da campainha. Sente forte dor de cabeça e um mal-estar generalizado. A custo, chega à porta, abrindo-a. São René e Diana, acompanhados, na dimensão espiritual, por Baruz, Demétrius, Maranhão e Lineu. Eles vêm contar-lhe o ocorrido da noite anterior e mostrar-lhe as fotos, que o deixam completamente arrasado. Sente que seu mundo está desmoronando. Todos aqueles anos dedicados à causa que abraçara... tudo está se esfacelando. Nada mais fará sentido em sua vida. A missão espiritual que havia aceitado e vinha cumprindo com tanto empenho, devoção e amor, razão maior de sua existência, fora destruída por ele próprio.

René e Diana vão embora. Esta se sente profundamente arrependida pelo que ajudou a fazer, mas não sabe como poderia consertar o estrago. Na dimensão espiritual, no quarto de Otávio, os MBs demonstram satisfação.

— Você não vale nada Otávio. Não vale nada – fala Baruz em tom de desprezo. — Um líder religioso como você, se embebedando daquele jeito... caindo na baderna. Que triste figura! Que exemplo está dando ao seu grupo?

Demétrius e os MBs observam satisfeitos as reações de desespero de Otávio. Baruz lembra-se de algo e, rindo sarcasticamente, diz:

— Você não merece o respeito de ninguém. Você não conseguiu nem mesmo cuidar de seu próprio filho... Lembra? Seu filho Dino virou um drogado, um ladrão... um assassino.

O obsessor silencia por alguns instantes para observar o efeito de suas palavras e dando mais ênfase à voz, continua:

— Seu filho é um drogado, um assassino, um criminoso... e você é o culpado, não soube cuidar dele. Como é que pretende cuidar do seu grupo? Que moral você tem para ajudar outros drogados a largarem o vício?

Em tom de desprezo, Baruz continua:

— Você não merece viver. Como é que vai encarar o seu grupo?... com que cara? A vida acabou pra você Otávio. Não tem mais jeito. A vida acabou pra você.

O obsessor espera Otávio absorver aquelas ideias e dá o golpe final:

— A janela está bem ali... é só pular e acabar com essa culpa, com essa vergonha – impondo todo o seu poder mental, ordena: —Vai.

Otávio levanta os olhos e fica olhando para a janela, mas antes que possa registrar por inteiro a ordem mental do obsessor, o ambiente começa a se iluminar com uma belíssima luz verde com tons de creme, entrando no aposento o Emissário e Gideão, que se fazem visíveis aos inimigos da luz. Os trevosos, assustados, saem "rosnando" de raiva. O Emissário, aproximando-se de Otávio, olha fixamente para sua testa e aos poucos o jovem relaxa, deita-se sonolento e se desdobra, ou seja, sai do corpo carnal, mostrando-se meio confuso. O Emissário segura-o pela mão, Gideão segura a outra e partem volitando, chegando a uma instituição na dimensão espiritual.

Otávio está encantado com o ambiente e com aquelas maravilhosas presenças, mas se sente tão envergonhado que permanece de cabeça baixa.

— Nós trouxemos você até aqui para podermos conversar melhor – diz o Emissário com suave entonação de voz.

— É por causa do que eu fiz, não é? – pergunta Otávio. — Estou profundamente envergonhado... O que eu fiz não tem perdão.

Sem se importar em responder, o Emissário pergunta:

— Você já aprendeu a perdoar, Otávio?

Surpreso, responde:

— Creio que sim...

— Não, não aprendeu – diz o Emissário. — Como você pretende perdoar os outros se não perdoa a si mesmo?

Otávio levanta a cabeça, olhando espantado para o Emissário, que continua:

— Ninguém aqui na Terra é tão perfeito que nada tenha a se perdoar. Todos erram, porque todos estão em processo de evolução.

— Mas, eu não podia fazer o que fiz.

— Diga antes que não devia fazer. Mas já que fez, tenha agora a grandeza de espírito de perdoar a si mesmo e seja humilde o bastante para enfrentar os próprios erros.

Lembrando as palavras cruéis de Baruz, Otávio pensa no filho. Tem vontade de pedir ao Emissário notícias do garoto, mas não se atreve. O ocorrido, no entanto, trouxe à sua memória uma avalanche de lembranças da infância de Dino e a saudade veio junto com elas.

— Meu filho! – murmura — Onde estará?

Como se fosse num sonho, Otávio ouve a voz do garoto, dizendo:

— Pai... meu pai... me perdoa.

O reencontro de pai e filho na dimensão espiritual foi uma daquelas cenas que só o amor pode construir. Depois de se abraçarem longamente, e de Otávio afirmar ao filho que nada tem a lhe perdoar, este pergunta:

— Quando você e Valéria vão se casar?

Surpreso, Otávio responde:

— Assim que tivermos uma condição material mínima para iniciar uma família.

Dino olha de esguelha para Gideão, como a lhe pedir permissão, e este faz um sinal de aprovação. O garoto, dirigindo-se então ao pai, fala em tom brincalhão:

— Pois, procure apressar o casório. O Emissário me disse que vou ser seu filho novamente. Entendeu?

Otávio sente uma espécie de perturbação visual e, quando se refaz, percebe que já está de volta ao corpo. Respira fundo, sentindo-se aliviado e até feliz. A lembrança das ocorrências que acabara de vivenciar na dimensão espiritual vai fugindo de sua memória, da mesma forma como a fumaça se dissipa no ar, deixando, no entanto, a certeza de que não está sozinho; que entidades elevadas o estão amparando e conduzindo em suas atividades benfeitoras, e que seu filho Dino se encontra bem. Quanto ao que o garoto falou sobre voltar a ser seu filho... não tem muita certeza, mas algo lhe diz que isso foi real.

Nesse momento, o telefone toca. É Diana, que logo vai dizendo:

— Otávio, eu estou ligando pra te pedir perdão. Fomos nós dois, o René e eu que arquitetamos tudo. Eu botei um "negócio" na tua bebida. Queríamos nos vingar da humilhação que você nos fez passar, mas eu estou muito arrependida.

Otávio suspira, aliviado.

— Alô, Otávio... Fala comigo... Diz que me perdoa...

— Claro que eu te perdoo, Diana. Principalmente, porque com tudo isso eu aprendi uma coisa importante...

— Qual?

— A me ver como sou... E a me perdoar.

CAPÍTULO 11

Outro tipo de festa

No domingo seguinte, a reunião no Viver é assistida por Baruz, Demétrius e os MBs, que se haviam postado nas janelas, pelo lado de fora. Já ao final da "Oficina de Evolução", Valéria e Otávio explicam que a instituição está na mira de Espíritos trevosos e pedem a todos para que as vibrações desse dia sejam direcionadas a eles.

Todos concordam, e Otávio coloca para tocar no aparelho de som um dos andamentos da Sinfonia nº6 de Beethoven, a Pastoral, que interpreta a tranquilidade e a beleza do campo. Otávio havia editado essa bela peça musical, acrescentando a ela o canto de pássaros. Sentados em círculo, de mãos dadas, os presentes fazem algumas respirações profundas para harmonizar os ritmos internos. Em seguida, conduzidos pela serena voz de Valéria, mentalizam a si mesmos num campo florido, sentados numa grama macia e tocados pelos raios do sol e por suaves ventos.

— Observem a beleza das flores, seu colorido, a maciez e o suave perfume das suas pétalas – diz Valéria. — Elas nos falam em amor e alegria. Sua vibração nos transmite ternura e contentamento. Algumas nuvenzinhas passando, levadas lentamente pela brisa, indicam que há céu, há luz, há vida que esplende em outras infinitas dimensões. Fixemos nosso pensamento nessa luz e digamos mentalmente, de todo o coração: "Da mente divina, luz infinita, flua luz para as mentes daqueles que nos odeiam e perseguem. Que essa luz divina clareie as consciências desses irmãos desviados do bem, para que eles possam perceber seus equívocos e retomar o caminho do bem e do amor. Que essa mesma luz clareie também a nós, que aqui nos reunimos em nome do amor".

Depois de alguns instantes de silêncio, Valéria continua:

— Do coração do universo, fonte infinita e eterna do amor, flua amor para os corações daqueles que nos odeiam e perseguem. Que os seus sentimentos possam se engrandecer nesse afeto de Deus... nesse afeto que vibra em todo o universo, dando a tudo e a todos razões para existir. Que esse afeto divino se estenda sobre toda a Terra, envolvendo todos os ambientes humanos, irradiando amor para todas as pessoas, para todos os Espíritos, para que se tornem mais fraternos, mais solidários, mais pacíficos.

Novamente, Valéria faz pequena pausa, e continua:

— Pensemos agora em Jesus, nosso Mestre e Guia, e peçamos a Ele mentalmente para que, em seu infinito amor, estenda suas mãos para esses irmãos que nos vêm perseguindo, convidando-os a mudarem o rumo dos seus passos, e seguir em busca do amor e da paz.

Instantes mais tarde, Valéria encerra a mentalização, dizendo:

— Que a luz de Deus permaneça também em nossas consciências, iluminando nossas vidas, nossos caminhos. Que o amor de Jesus permaneça em nossos corações, engrandecendo e enobrecendo os nossos sentimentos, para que possamos sempre irradiar esse sentimento divino, onde estivermos. Que assim seja.

Se os presentes pudessem ter visto o que ocorria na dimensão espiritual, teriam observado que, durante a mentalização, principalmente em sua parte final, desciam do alto pequenos flocos luminosos de variadas cores. Esses flocos, ao pousarem sobre eles, eram absorvidos por seus organismos e geravam um belo efeito de luminescência em torno dos mesmos.

Quando finalmente todos abrem os olhos, há neles uma luz diferente, de uma felicidade que a nada se pode comparar.

Quanto aos MBs, logo no início da mentalização, afastaram-se das janelas. Baruz foi logo embora em razão da dificuldade em suportar as luminosas vibrações emitidas pelo grupo, mas Demétrius e os MBs permaneceram por perto, sentindo com maior ou menor intensidade a ação da luz e do amor em suas sensibilidades espirituais.

CAPÍTULO 12

Na Fazenda

Em seu quartel general, Baruz está furioso. Anda de um lado para outro, vez por outra diz um palavrão, chuta alguma coisa. Para diante do grande mapa, refletindo. Os três MBs responsáveis pelo assédio ao Viver, bastante preocupados, aguardam em silêncio. Finalmente o chefe se volta para eles e pergunta:

— Esse Otávio tem algum parente que more bem longe?

— Tem um tio, chama-se Malaquias e mora em outro estado, no interior – responde Maranhão. — Tem uma fazenda lá.

— Quero todos os detalhes possíveis – ordena Baruz, com o olhar faiscante.

— Eu tenho um subordinado, o Dedim... Quando encarnado, ele era empregado na fazenda do velho Malaquias e acabou morrendo de tísica, pois o velho, pão duro como é, não providenciou tratamento para ele.

— Traga ele aqui – ordena Baruz.

Depois de algum tempo, Maranhão retorna com Dedim, um caboclo com aparência ainda jovem, embora maltratado e muito magro. Baruz o examina da cabeça aos pés. Finalmente fala:

— Quero saber tudo sobre o velho Malaquias, a fazenda, quem mora lá, quem são seus herdeiros e tudo o mais.

Dedim, bastante atemorizado, começa a falar com voz trêmula:

— O seu Malaquias é o dono da fazenda... Deve estar com uns 80 anos de idade. É um velho rabugento e morre de medo de não ter a quem deixar a herança – enquanto fala, vai se sentindo mais calmo e continua: — O único filho dele morreu ainda jovem, e a Jacira, que ele adotou, não tem jeito pra lidar com a fazenda... e também não é do sangue dele.

Olhando de soslaio para Maranhão, Baruz pergunta, com ar satisfeito:

— E ele não tem nenhum parente para herdar a fazenda?

— Tem sim, um sobrinho que não quer saber de morar no interior...

— E esse sobrinho, você conhece? Sabe onde encontrá-lo? – pergunta Baruz, muito interessado.

— Sei sim senhor, é o Seu Otávio. Ele mora aqui na cidade.

— Muito bem – diz Baruz. — Me fale sobre a Jacira. Qual é a idade dela?

— Deve estar com uns vinte anos...

— Quero saber tudo, tudo, sobre ela – ordena.

— Bem, ela é uma cabocla muito bonita e muito faceira também. Faz todo o serviço da casa, cuida do velho, é quem faz as compras na vila. É como se fosse filha dele.

— Tem algum homem na vida dela? – pergunta Baruz, bastante satisfeito com as informações.

— O velho não deixa ela namorar. Ele tem esperança de que ela se case com o Otávio, mas na semana passada fui até lá e vi que ela anda se agarrando com um peão da fazenda.

Baruz volta a caminhar de um lado para outro, pensativo. Vez por outra dá um sorriso sardônico. Percebe-se que está arquitetando algum plano importante. Finalmente, para em frente a Maranhão e Dedim, ordenando:

— Vocês dois vão até lá. Vão conseguir que o velho escreva uma carta ao Otávio, pedindo a presença dele com a máxima urgência. Também vão fortalecendo nele a ideia de que precisa casar o sobrinho com sua filha adotiva.

Atender à incumbência de Baruz não foi difícil. Maranhão envolveu o velho fazendeiro em energias pesadas, doentias, passando-lhe ao mesmo tempo a ideia de que estava para morrer. Fê-lo também lembrar-se insistentemente de Otávio e de seu velho sonho de casá-lo com Jacira, para que permanecesse na fazenda que iria herdar com sua morte.

Com pouco menos de uma semana, Otávio recebe a carta do velho Malaquias, que o deixa muito preocupado. Baruz e os MBs reforçam nele a ideia de que deve atender com urgência o chamado do tio.

No dia seguinte à chegada da carta, Otávio se despede de Valéria, pedindo-lhe para cuidar do Viver enquanto ele estiver ausente, e segue viagem para a fazenda, onde encontra o tio acamado, cheio de queixas de dores e mal-estares de toda natureza.

— Eu vou levar o senhor a um médico na cidade – decide.

Maranhão dá um jeito para que Jacira também vá com eles e vai cuidando de induzi-la a se interessar por Otávio, a se fazer charmosa e tentar conquistá-lo.

O médico nada encontra de preocupante com relação à saúde do velho fazendeiro, receita-lhe umas vitaminas e muito repouso.

Maranhão envolve Otávio num forte sentimento de preocupação com o tio, levando-o a decidir-se ficar alguns dias na fazenda. É do que precisa para arquitetar e dar andamento a seus planos. Sua intuição lhe diz que precisa "cuidar" muito bem da jovem Jacira e resolve chamar um Espírito feminino que faz parte do grupo sob seu comando. É Liana, especialista em sedução.

Logo que vê Jacira, Liana observa-a atentamente e diz:

— Essa moça está grávida.

— Tem certeza? – pergunta Maranhão

— Sim, tenho. É uma gravidez bem no começo, e acho que nem ela ainda sabe disso.

Maranhão reflete por alguns instantes e um sorriso sardônico vai tomando conta do seu rosto.

— Mas isto é que é sorte mesmo – exclama, satisfeito. — É preciso que o chefe saiba disso imediatamente. Só ele mesmo para arquitetar um plano perfeito. A[illegible] não nos escapa!

N[illegible] na fazenda do velho M[illegible], Dedim e Liana confabulam:

— Eu já comecei a acender o interesse de Jacira por Otávio – informa Liana. — E também descobri quem é o pai da criança.

Ante o olhar interrogador de Baruz, continua:

— É o Mané Bento, um caboclo bonitão que me pareceu muito apaixonado por ela.

— Precisamos afastá-lo daqui. Pode nos causar problemas.

Baruz pensa um pouco e pergunta a Dedim:

— Você tem alguma ideia de como afastar esse sujeito, pelo menos por uns dez ou quinze dias?

— Acho que sim – responde. — Eles vão mandar uns touros para um rodeio em outro estado. Creio que podemos conseguir que mandem o Mané Bento...

— Ótimo! Você e Maranhão cuidem disso – ordena. — Quero resultados, não vou aceitar desculpas, entenderam?

Os dois saem para cumprir a ordem do chefe. Este, voltando-se para Liana, pergunta:

— Quando você acha que a Jacira vai descobrir que está grávida?

— Creio que ela já desconfia, mas não tem certeza.

Baruz ri, um riso que mais parece um rosnado. Está feliz, crendo que finalmente vai conseguir dominar Otávio, afastando-o definitivamente do Viver.

— Você – ordena a Liana — vai levar Jacira a ficar cada vez mais desconfiada de que está grávida. Ao mesmo tempo, vai ajudá-la a arquitetar um plano para seduzir o Otávio e, no devido tempo, fazer com que acredite que o filho é dele.

Liana dá uma risada sarcástica e exclama:

— Esse é o tipo de trabalho que eu adoro... Na minha última encarnação, enganei desse jeitinho um cara cheio da grana e de elevados ideais – dá outra risada e diz com ironia: — O pobrezinho, um Espírito tão nobre... não teve outro jeito a não ser casar-se comigo. Depois, não foi difícil levá-lo a falecer de uma enfermidade que nunca foi satisfatoriamente diagnosticada... e eu fiquei rica.

Baruz olha para Liana com ar de admiração, elogiando:

— Nota mil pra você... Agora, quando precisar, já sei onde encontrar uma especialista em sedução e em fazer alguém falecer sem despertar suspeitas.

Liana faz uma reverência irônica e Baruz ordena:

— Agora, ao trabalho.

Cada qual vai cuidar dos seus afazeres. Liana vai até o quarto de Jacira, onde a jovem já está prestes a adormecer. Observa-a atentamente. Ausculta seus pensamentos e sentimentos, para avaliar até que ponto poderá influenciá-la quanto ao que pretende fazer. Sorri satisfeita e aguarda que a jovem adormeça.

Quando Jacira, em seu corpo espiritual, sai do corpo carnal no desdobramento do sono, Liana leva-a, sem que ela perceba, para uma região na dimensão espiritual onde o sexo e a sexualidade imperam. A energia do local é poderosamente sensual. Jacira sente-se impregnada com essa sensualidade e, sempre sob o comando de Liana, todo o seu ser, todo o seu desejo se direciona a Otávio. Ela passa então a desejá-lo, quase com desespero. Com isso, mais um passo foi dado, mais um fio foi colocado nessa teia na qual os inimigos da luz pretendem envolver o líder do Viver.

No dia seguinte, Jacira forja oportunidades para se aproximar de Otávio, e usa todos os recursos possíveis para seduzi-lo. Por seu turno, Maranhão também lança mão dos seus conhecimentos de magia para levar Otávio a se interessar por ela e a desejá-la.

Assim, aos poucos, ante as investidas sensuais de Jacira e as mandingas de Maranhão, Otávio percebe-se espicaçado de desejo pela jovem, mas como já conhece as manhas e artimanhas dos inimigos da luz, tem certeza de que ali também há o envolvimento deles no intuito de levá-lo a soçobrar. Diante disso, passa a orar com maior frequência e, na primeira oportunidade, vai até um riacho que corta a fazenda, a uns dois quilômetros de distância. Andando na mata, em meio à natureza, ouvindo os gorjeios de pássaros e o farfalhar das folhas das árvores ao toque da brisa, sente-se completamente tranquilo, em paz. As águas cristalinas do riacho, correndo por entre as pedras, formando remansos aqui e ali, parecem murmurar preces de gratidão ao Senhor da Vida por criar coisas tão belas. Otávio, extasiado, eleva ao Alto uma prece sem palavras. Atrás dele, o Emissário da Luz o abençoa com sua presença divinal, e diz:

— Mantém-te firme em teu caminho que o céu te ajudará. Não te importes com as pedras que te machucarem os pés, porque depois delas encontrarás lírios brancos a perfumarem e embelezarem teu ambiente, e atrás dos espinhos que te ferirem, encontrarás folhas verdes a simbolizarem esperança. Tens fé e confia naqueles que do Alto acompanham tua jornada terrena. Fica em paz.

Jacira, que havia acompanhado Otávio de longe, aproxima-se do riacho a uns dez metros mais abaixo, tira toda a roupa e começa a subir o curso d'água, fazendo-se de surpreendida ao chegar perto dele.

— Otávio! – exclama. E sem qualquer pudor aproxima-se, segura em sua mão e diz: — Vamos, tire a roupa e venha. A água está uma delícia.

Jacira está muito segura de si, de sua beleza morena, do corpo perfeito e de uma sensualidade à flor da pele. Liana, junto a ela na dimensão espiritual, a induz a se tornar ainda mais sedutora.

Ainda sob a poderosa influência do Emissário e envolto em vibrações sublimadas, Otávio não se altera. Percebendo também que se trata de mais uma armadilha das sombras, não se aborrece com Jacira, mas diz com serenidade:

— Pode parar Jacira. Pode parar com isso de pretender me conquistar. Eu amo minha noiva e nunca farei qualquer coisa para magoá-la.

— Mas, Otávio – insiste Jacira. — Ela não precisa saber. Ninguém precisa saber. Estamos sozinhos aqui... Vem. Você não vai se arrepender.

Mesmo sentindo-se tentado, Otávio não titubeia. Além de saber a razão de tudo aquilo, a imagem de Valéria, presente em todo o seu ser, não dá espaço para outras mulheres. Assim, prefere não discutir, vira-lhe as costas e vai embora.

***

Ao perceber que não conseguirá levar Otávio para a cama e, cada vez mais desconfiada de que está grávida, Jacira resolve jogar todas as cartas que tem. Sempre orientada por Liana, consegue com Nhã Maroca, uma velha da região, umas ervas que fazem uma pessoa dormir por várias horas.

Nesse mesmo dia, à noite, antes que Otávio se recolha para dormir, Jacira leva-lhe um copo com suco de maracujá, dizendo:

— Eu fiz esse suco pra você Otávio. É pra me desculpar pela bobagem de hoje pela manhã. Me perdoa?

Otávio bebe o suco sem imaginar que ele contém algo que poderá se transformar em sua desgraça.

Em seguida, Jacira vai buscar uma caixa que parece pesada e pede:

— Dá pra você me ajudar? Acho que dei um mau jeito nas costas.

Otávio apanha a caixa e leva até o quarto de Jacira, acompanhando-a, e coloca no chão. Ao erguer-se, sente uma leve tontura. Dá alguns passos na direção da porta, mas cambaleia. Jacira agarra-o pela cintura e o conduz até a cama, deita-o e quando percebe que já está em sono profundo, tira-lhe a roupa. Despe-se e se deita a seu lado, antegozando o momento dele acordar, quando ela o fará crer que aconteceu o que ela desejava.

Mas, um trabalhador do Bem nunca fica desamparado pelos benfeitores espirituais. Quando os das sombras já celebram sua vitória, eis que Manoel Bento, levado pelo Espírito Dioguinho, no intuito de despedir-se, pois no dia seguinte parte levando os touros para o rodeio, entra pela janela do quarto de sua amada encontrando Otávio na cama dela. Enlouquecido, puxa-o para uma briga, mas ele cai no chão, desacordado.

— O que significa isso? – pergunta para Jacira, sem entender o que está acontecendo.

A jovem, de olhos estatelados, não sabe como se explicar. Manoel Bento, aos poucos, vai percebendo que houve ali uma vil armação. Com o coração despedaçado, porque ama aquela criaturinha, pergunta:

— Você armou isso pra ver se casa com o sobrinho do seu Malaquias, não é?

De olhos baixos, arrependida do que fizera e sentindo que gosta realmente daquele peão, responde humildemente:

— Eu não queria que meu filho viesse a ter uma vida de pobre como a do pai.

Manoel Bento custa a entender que ela está grávida e que é ele o pai. Completamente desnorteado com aquela revelação, pula pela janela e sai correndo noite adentro para se acalmar. Depois de algum tempo, retorna, encontrando Otávio já acordando e Jacira sentada no chão, chorando.

— Quer dizer que você está grávida e eu sou o pai? – pergunta, profundamente triste.

A jovem meneia a cabeça num gesto positivo.

— E você armou tudo isso para se casar com outro homem, estando grávida de mim...

Jacira se aproxima de Manoel Bento e ajoelha-se diante dele, implorando:

— Me perdoa, pelo amor de Deus... Eu não sei onde estava com a cabeça quando tive essa ideia. Você me conhece desde criança, Bento. Acha que eu sou do tipo que faz uma coisa dessas? Já lhe disse, eu não sei o que deu mim...

— Mas eu sei – diz Manoel Bento. — O que deu em você foi uma doença chamada ganância. Para ter dinheiro ia sacrificar seu próprio filho. Ia sacrificar o nosso amor. E eu? Pensou por acaso em mim?

Jacira chora desesperada.

— Você tem toda razão, eu me sinto pior que um verme. Se você nunca me perdoar eu vou entender. Só peço que não conte isso ao padrinho. Se ele souber vai me botar para fora da fazenda... e eu não tenho para onde ir.

Enquanto os dois falam, Otávio acaba de acordar ainda meio confuso, vendo-se nu, puxa um lençol e se cobre com ele. Senta-se na beira da cama com ar espantado e pergunta:

— O que está acontecendo? O que estou fazendo aqui?

Manoel Bento olha para Jacira, ordenando:

— Explique para ele todos os detalhes.

Jacira, envergonhada, esconde a cabeça entre as mãos, chorando.

— Vamos, fale – insiste Manoel Bento.

A jovem, não vendo outra saída, explica tudo para Otávio que ouve atentamente. Ao final, pede:

— Pelo amor de Deus, Otávio, não diga nada ao padrinho. Se ele souber, vai me mandar embora e eu não tenho para onde ir.

Falando para si mesma, Jacira diz:

— Como é que eu fui fazer uma coisa dessas? Meu Deus, devo estar ficando louca!

Enquanto isso, na dimensão espiritual, Dioguinho envolve Manoel Bento em energias calmantes, e Gideão transmite mentalmente algo a Otávio. Este, dirigindo-se a Manoel Bento, diz:

— Eu sei por que ela fez isso. Foi por uma fortíssima influência espiritual.

Manoel Bento fica olhando para Otávio com ar parvo, sem nada entender.

— Eu vou explicar – diz Otávio. — Eu participo de um grupo que trabalha para resgatar drogados, orientar e ajudar jovens que querem fazer aborto, e outras ações de auxílio... Mas há muitos Espíritos, inimigos da luz, que não querem nos ver fazendo isso. Então, eles já tentaram de tudo para desmantelar nosso grupo e acabar com esse trabalho. Deu para entender?

— Não, Otávio – responde Manoel Bento. — Não entendi... O que é que eu e a Jacira temos a ver com isso?

— Vocês nada têm a ver com isso, mas aqueles Espíritos de que falei certamente acharam que se eu me visse obrigado a casar com a Jacira, acabaria ficando aqui. Isso iria enfraquecer muito o grupo.

— Ah, agora entendi! – exclama Manoel Bento. Pensa algum tanto e, virando-se para Jacira, diz: — Vamos esquecer tudo isso, está bem?

Na dimensão espiritual, Dioguinho e Gideão se mostram felizes com o desfecho do ocorrido, mas do lado de fora do quarto, Maranhão, Dedim e Liana estão furiosos. Maranhão informa:

— Eu tinha certeza de que havia Espíritos de luz atrapalhando nossos planos. Eu não vi, mas tenho certeza de que estavam aí o tempo todo.

— Você tem razão – concorda Liana. — Foi por isso que nós não conseguimos entrar no quarto.

— E agora? – pergunta Maranhão com ar muito preocupado. — O chefe vai nos esfolar.

***

No dia seguinte, os três se apresentam diante de seu Malaquias. Manoel Bento, com o chapéu na mão, tenta esconder o nervosismo. Atrás dele, Jacira, toda trêmula. Finalmente, criando coragem, o caboclo fala do seu amor pela jovem e pede a mão dela em casamento. O velho irrita-se e está a ponto de explodir, quando Otávio intervém:

— Tio, o senhor precisa ficar calmo. Lembra o que o médico lhe disse? E, pensando bem, acho que o casamento desses dois vai solucionar muita coisa.

— Vai solucionar o quê? – esbraveja.

— Ora, tio, o senhor sabe que eu não seria a pessoa ideal para tocar a fazenda, no futuro, mas o Manoel Bento é seu empregado de confiança. Ele está aqui desde pequeno, e ninguém melhor do que ele para cuidar de tudo. Casando com a Jacira, o senhor pode deixar a fazenda para os dois como herança.

Manoel Bento, atônito, mal consegue respirar. Jacira arregala os olhos, e o velho Malaquias fica olhando para Otávio com ar apalermado.

— Acho que você está doido, meu sobrinho. – diz finalmente. — Você quer abrir mão dessa herança em benefício dos dois?

— Sim, tio. Já disse que não levo jeito para cuidar de fazenda. Eu gosto da cidade, tenho minha vida lá e assim que puder vou me casar com a Valéria.

Para desanuviar o ambiente, Otávio faz um ar brincalhão e diz:

— Se eu tivesse de tomar conta desta fazenda algum dia, iria levá-la à falência bem rapidinho.

Seu Malaquias reflete por algum tempo, depois fala:

— Está bem, concordo, mas com uma condição. Quero que você, Otávio, se case logo com aquela garota maravilhosa, antes que ela se canse e procure outro.

Otávio faz menção de discordar, mas o velho se adianta:

— Todas as despesas do casamento vão ser por minha conta e quero que seja aqui na fazenda. Vai ser uma festança e tanto... Além disso, como eu sei que você é um rapaz pobre, eu vou lhe dar o necessário para montar uma bela marcenaria e poder viver com tranquilidade.

Vendo que Otávio iria protestar, continua:

— Você nunca aceitou minha ajuda, mas agora vai ter que aceitar... se não... – olhando intencionalmente para Manoel Bento e Jacira, conclui — nada de acordo. Além disso, você e Valéria vão se casar, ter filhos, e isso dá muita despesa.

***

Dois dias mais tarde, ante a melhora na saúde de seu Malaquias, Otávio retorna para casa e vai logo à procura de Valéria, narrando-lhe todos os acontecimentos. Ao terminar, seu rosto toma uma expressão misto de sonhadora e de feliz, ao dizer:

— Pense bem, meu amor, nós vamos poder realizar todos os nossos sonhos. Durante a viagem, eu vinha pensando sobre tudo isso e andei fazendo muitos planos.

— Planos? – pergunta Valéria.

— Sim, mas quero saber se você concorda.

— É claro que eu concordo mesmo antes de conhecê-los, mas vamos lá.

— Eu pensei – começa Otávio — que nós podemos utilizar uma parte do terreno do Viver para construir nossa marcenaria, que será também uma escola profissionalizante para jovens que conseguem vencer a droga e ficam sem rumo...

— Deixa ver se entendi – pergunta a jovem. — Quer dizer que aquele velho sonho para ajudar esses jovens a tomar um rumo, depois que conseguem livrar-se do vício...

— Exatamente! – exclama Otávio. — Quem sai de um vício como o das drogas precisa encontrar alguma atividade produtiva, precisa ocupar-se e, principalmente, poder enxergar um horizonte, um caminho, um rumo... ter uma meta, poder sonhar novamente.

— Isto é simplesmente maravilhoso! – Exclama Valéria, com lágrimas de felicidade a lhe molharem os olhos.

— Que é isso, meu amor? Está chorando? – pergunta Otávio aconchegando-a nos braços.

—Você também, bobão... Só que você disfarça, eu não. Estou feliz demais para disfarçar.

Nesse mesmo dia, à noite, o casal conta aos companheiros do Viver as novidades.

— Gente! – exclama Gildinha. — Com essa ajuda do tio do Otávio vamos poder desenvolver aquela campanha antidrogas – olha preocupada para Otávio. —Acho que me precipitei... desculpa.

— Não, não se precipitou – diz Otávio. — Quando nos casarmos, Valéria e eu vamos morar no meu apartamento. É claro que vamos ter alguns gastos para deixá-lo mais bonito e mais confortável, mas ainda vai sobrar um bom dinheiro para realizarmos nossos sonhos de pessoas que se dedicam a fazer o bem.

Curioso, René pergunta:

— E quando será o casório?

— Logo que tivermos terminado de construir a marcenaria e ajeitar o apartamento. Aliás, todos vocês estão convidados. Meu tio vai até alugar uma van para levar todos e trazer de volta. Vai ser uma festança e tanto.

CAPÍTULO 13

No Centro Espírita

Enquanto Otávio está em visita à fazenda do tio, certa noite, MB-2 se dirige ao Centro Espírita dirigido por seu Rosalvo. Não sabe o que, mas algo a está atraindo poderosamente para aquele local. É seu filho Dioguinho que lhe conduz o pensamento e a emoção. Embora ambos sejam Espíritos, ela não consegue vê-lo, por causa das diferenças de frequência vibratória entre eles. Entra, procurando disfarçar-se, receosa de ser reconhecida por algum dos agentes de Baruz. Posta-se num canto e fica ali quietinha, ouvindo o palestrante falar sobre reencarnação e lei de causa e efeito.

— Será isso verdade? – pergunta a si mesma. — E Demétrius? De que paisagens distantes eu o conheço? Quando ele olhou para mim, por um instante fugidio, mais do que ver, eu senti a repercutir nas profundezas do meu ser aquele olhar manso e profundo que eu tanto amei. Aquele olhar que era todo o meu mundo, minha vida, meu amor. Ah, Demétrius... esse nome também repercute em mim, trazendo lembranças fugidias que não chegam a se manifestar. Ah, destino cruel, que separa assim duas pessoas que nada são uma sem a outra.

Dioguinho aproxima-se de seu Rosalvo, intuindo-o a falar sobre reencarnações expiatórias. O palestrante, buscando na memória, passa a fazer uma narrativa:

"Há muitos anos, nosso Centro começou a sofrer forte assédio de Espíritos inimigos da luz. Chegavam agressivos, arrogantes, proferindo todo tipo de ameaças, dizendo que vinham a mando de chefes poderosos, mas envolvidos nas vibrações de amor do grupo mediúnico e ouvindo explicações sobre as realidades espirituais, acabavam se rendendo e eram encaminhados para instituições socorristas na dimensão espiritual para reiniciarem seus caminhos, desta vez, na direção certa.

Pois bem, depois de perceberem que seus enviados iam passando um a um para o lado do bem, começaram a chegar os chefões.

Um deles era um Espírito de baixíssima vibração e de grande poder. Percebemos que tinha sido um religioso na Espanha, um dos chefes da Santa Inquisição. Carregava tão pesadas culpas que, mesmo já cansado do mal, não tinha coragem para mudar o rumo de sua vida, acreditando que, se mudasse de lado, teria de sofrer miseravelmente por longos períodos para resgatá-las.

Ele tinha a consciência em chamas e procurava apagá-las, descendo ainda mais fundo nos abismos do ódio e da maldade. Chegava sempre agressivo, dizendo que, se não parássemos com aqueles trabalhos, iríamos sofrer graves represálias e chegava a ameaçar nossos filhos com acidentes e outras situações terríveis. Mas o grupo, sem se importar com as ameaças, envolvia o irmão trevoso em vibrações fraternas, e a doutrinadora conversava com ele, informando-o de que estávamos ali a serviço de Jesus e não iríamos abandonar a tarefa, mesmo porque esse era o nosso ideal de vida. Sugeria que o irmão meditasse em suas próprias ações, lembrando que elas o estavam levando irremediavelmente rumo a grandes sofrimentos, quiçá a ser expulso deste planeta para algum outro em fase primária de evolução, conforme esclarece a Doutrina Espírita. Isto mexia com ele, mas se recuperava logo, dizendo que era invenção, que nada disso iria acontecer.

Aquele Espírito ficou frequentando nossas reuniões durante muito tempo com a intenção de encontrar alguma brecha por onde pudesse infiltrar sua influência e prejudicar as atividades da Casa, mas a sua permanência num ambiente de amor e de paz começou a produzir algumas transformações em seu íntimo. Quando ele se incorporava num médium, todo o grupo o envolvia em vibrações de afeto e a doutrinadora lhe falava sobre o amor de Jesus, que acolhe até mesmo os mais horrendos criminosos, desde que se arrependam e queiram dar novo rumo às suas vidas.

— Acha que Deus poderia me perdoar? – perguntou certa noite.

— Amigo – respondeu a doutrinadora, — Deus não nos perdoa, porque Ele não se magoa nem se ofende com os nossos erros. Por isso, nada tem a nos perdoar. Ele simplesmente nos ama como seus filhos diletos que somos todos nós, e nos estende as mãos do amor sempre que decidimos retornar ao caminho indicado por Suas leis. Mas é importante pedirmos perdão a Ele pelas faltas que cometemos para com as leis cósmicas, pois esse pedido de perdão será um ato de humildade e de arrependimento, e isso é bom para nossa evolução.

Depois de breve silêncio, a doutrinadora continuou em tom de voz afetuoso:

— Se o amigo quiser mudar o rumo da sua vida, haverá inúmeros Espíritos dispostos a ajudá-lo e a ampará-lo nas horas difíceis que irá enfrentar em reencarnações regeneradoras. Mas, o apóstolo Pedro já disse que "O amor cobre uma multidão de pecados". Assim, se direcionar sua vida para o amor – refiro-me ao amor universal, aquele sentimento que envolve tudo e todos, sem restrições — se se dedicar ao bem, a fazer o bem, a viver verdadeiramente o amor, os sofrimentos serão diminuídos, as dores aliviadas, e sua alma cantará a felicidade de estar no caminho de volta à casa do Pai.

As últimas palavras da doutrinadora tocaram-no tão fortemente que começou a chorar.

Os médiuns videntes disseram que no recinto havia grande número de Espíritos crianças levando braçadas de flores. Eles cantavam alegremente e das flores partiam vibrações luminosas envolvendo o obsessor que, engasgado pela emoção, acabou entregando os pontos. Aceitou seguir com os benfeitores. As crianças o cercaram e ele partiu, conduzido por elas, em busca de novos rumos.

Aquela foi uma sessão memorável, inesquecível. Todos prometemos orar e vibrar por ele, para que o afeto do grupo pudesse ajudá-lo em seus passos futuros."

MB-2 está profundamente tocada por emoções desencontradas. Sente-se perdida e só. Se ao menos tivesse o filho a seu lado... Mas quem sabe – pensa — não será Dioguinho quem a está induzindo a tais situações e sentimentos?

A voz de seu Rosalvo, convidando os presentes para a oração de encerramento, traz MB-2 de volta dos seus devaneios. A prece parece ser por ela, pois pede por todos aqueles que se encontram perdidos pelos caminhos do mundo, andando sem rumo e sem esperança. Pede a Maria, mãe de todos os sofredores, para ampará-los em seu seio maternal, aliviando-lhes as dores e apontando-lhes novos caminhos com luz em seus estados de espírito e paz em seus corações.

A obsessora chora, um choro que lhe sobe desde as entranhas, lavando-lhe a alma, deixando-a com leve luminosidade de esperança no coração.

CAPÍTULO 14

O suicida

É noite. No quartel general de Baruz, na caverna do submundo espiritual, estão reunidos, além dele próprio, Demétrius e os três MBs. O chefe está furioso, rangendo os dentes e bufando de raiva. Vez por outra, ruge:

— Malditos, miseráveis... O Dragão está furioso comigo, como se eu fosse o culpado, quando são vocês uns imbecis, uns incapazes... uns molengas. Garanto que ficaram babando com aquelas mentalizações feitas pela Valéria, como se aquilo fosse livrá-los das nossas ações. Eles vão é ver como a coisa funciona... ah, se vão!

Para diante de MB-2, ordenando:

— Vá procurar um Espírito suicida. Quero um que tenha a energia mais pesada que puder encontrar e situe-o junto ao Otávio.

MB-2 sai para atender à ordem do chefe, que permanece pensativo por algum tempo e ordena:

— Vocês dois, Maranhão e Lineu, vão procurar uma forma de desacreditar o Viver. – Virando-se para Demétrius, pergunta:

— Tem alguma sugestão?

Demétrius, por sua vez, pergunta aos MBs:

— Qual é a situação deles? O imóvel é próprio? Quem mantém as despesas da Casa?

— O imóvel é próprio – responde Maranhão. — Foi deixado por um casal de velhinhos, amigos do

Otávio que tinham ali um Centro Espírita. Eles não tinham mais como manter o centro, então fizeram a doação do imóvel para o Otávio. Como o Otávio trabalha como marceneiro e não tem meios para pagar as despesas do Centro, conseguiu alguns doadores.

— Que despesas são essas?

— Bem, além de água e energia elétrica, eles pagam um vigilante, por causa dos equipamentos que utilizam e que podem atrair ladrões. Além disso, eles têm várias outras despesas com os atendimentos que dão a alguns idosos do bairro, que não têm quem cuide deles, e a jovens em situação de risco, quando não conseguem assistência dos órgãos públicos.

— Está bem, já basta – interrompe Demétrius, e olhando de forma significativa para Baruz, conclui:
— É preciso que os doadores deixem de ajudá-los.

Com ar satisfeito, o chefe dos MBs se dirige a Maranhão e Lineu, ordenando:

— Vocês vão levar o René a espalhar um boato sobre o Otávio, dizendo que ele está enganando todo mundo; que vem aplicando todos os valores doados em um banco, em nome da Valéria; que o casal faz empréstimos bancários a longo prazo, para custear as despesas do Centro, empréstimos esses que eles não pretendem pagar, já que planejam vender o imóvel e ir embora para o exterior.

— Chefe, me permite uma observação – diz Lineu e, a uma anuência de Baruz, continua: — O grupo todo já está sabendo que Otávio vai receber uma boa ajuda do tio, o seu Malaquias, e que pretende construir uma oficina de marcenaria no terreno do Viver. Será que eles vão acreditar num boato desses?

— Bem lembrado... bem lembrado... – concorda Baruz. — Nesse caso, vão enriquecer o boato, dizendo que essa história de herança e construção da oficina é conversa fiada, só para enganar o grupo enquanto eles se preparam para o golpe.

Baruz pensa um pouco e continua com um sorriso mordaz:

— Será bom também fazer com que o René escreva umas cartinhas anônimas, contando tudo isso aos doadores. Se vocês dinamizarem bastante o ódio que ele sente pelo Otávio, tudo será bem fácil.

Enquanto isso MB-2, obedecendo às ordens de Baruz, vai à procura de um Espírito suicida. Depois de muitas horas de busca, encontra o que deseja, um homem de uns cinquenta anos que havia se atirado de um viaduto por causa de uma paixão não correspondida, e leva-o ao apartamento de Otávio, mais exatamente ao seu quarto de dormir, acomodando-o no chão.

Naquela noite, ao chegar a casa, Otávio sente uma atmosfera pesada, uma angustiante inquietação, mas de nada desconfia. Antes de dormir, faz uma leitura do evangelho e uma prece fervorosa, pedindo a Jesus para orientá-lo sempre e para proteger o Viver, que acredita estar sob a mira de Espíritos trevosos. MB-2 observa tudo com indiferença, sentindo-se alheia, como se nada tivesse a ver com o que está acontecendo. Vez por outra, olha para o Espírito suicida e uma pontinha de piedade lhe toca o coração, mas se lembra das ordens de jamais ter tais sentimentos e procura desviar o pensamento.

Já é madrugada quando Otávio acorda de um horrível pesadelo, mas conforme vai despertando, as lembranças vão se diluindo e em breve apenas se lembra de que era algo terrível. Consegue dormir novamente e, pela manhã, assim que acorda, como costuma fazer, mentaliza a luz de Deus vibrando na intimidade do seu ser, iluminando sua mente, seu coração, todo o seu interior, buscando harmonizar-se plenamente. Faz uma prece, mas percebe que não está conseguindo sintonizar-se com faixas vibratórias mais elevadas.

No decorrer do dia, vez por outra lhe passam pela mente ideias de negação da vida. Não chegam a ser pensamentos, mas ideias soltas, impressões de morte, de fim. Assusta-se muito quando, consertando uma janela de um apartamento no 5º andar de um edifício, de repente sente um forte impulso para se atirar para fora. Já estava passando a perna por sobre o parapeito, quando volta a si estremecendo ante o perigo que passara. Percebe do que se trata e diz para si mesmo, com convicção: "Estão querendo que eu me mate. Mas não vão conseguir. Estou a serviço do Cristo e Ele me há de proteger e ajudar".

Otávio passa o restante do dia orando ou cantarolando músicas de elevado teor espiritual, a fim de manter boa frequência vibratória.

À noite, ao entrar em casa, sente novamente o ambiente ruim, ainda pior que na véspera. Mas, ocupado com outras questões que estava precisando solucionar, acaba indo para a cama bem tarde, depois da costumeira leitura do evangelho e da prece.

Em seu quarto também estão Baruz e MB-2. Quando já está bem relaxado, naqueles momentos em que começamos a nos desprender, no desdobramento do sono, manipulado pelo chefe dos MBs, seu psiquismo começa a registrar a presença do suicida e ele vai entrando em sintonia com o clima de horror que o pobre Espírito vivencia, sentindo-se cair, cair... e o baque do corpo no chão, a dor, a lancinante dor que lhe toma a cabeça, o corpo inteiro, mas em seguida sente-se novamente saltando do viaduto... caindo, caindo... depois a dor... o pensamento mergulhando no horror da morte... e tudo recomeça, num contínuo inferno de sofrimento atroz.

Com imenso esforço, Otávio consegue desligar-se daquele clima infernal e levanta-se rapidamente. Põe-se de joelhos, em súplica a Jesus, pedindo que o proteja, que não permita ser novamente envolvido naquelas vibrações tão hipnóticas. Mentaliza a imagem de Jesus, caminhando na praia em sua direção, e diz em voz alta:

— Mestre dos mestres, amor que nos envolve e aquece nossos corações, envolve-me nesse amor e me protege. Afasta de mim os inimigos da luz e estende tua mão misericordiosa para esse pobre sofredor, cuja presença eu percebo e cujo desespero eu pude sentir.

Otávio permanece ainda por algum tempo vibrando alívio para o suicida, agradece a Deus pela oportunidade que estava tendo de ajudá-lo, levanta-se e vai ao banheiro. Fica muitos minutos no chuveiro, mentalizando a água a lavar todas as energias pesadas de seu campo áurico. Acaba deitando-se no sofá da sala, mas a noite é de pesadelos pavorosos e só consegue alívio com os primeiros raios do sol.

Naquele mesmo dia, à noite, Otávio se dirige ao Centro Espírita, e informa seu Rosalvo sobre o que está acontecendo. Este o convida a participar do trabalho mediúnico. Alguns médiuns logo detectam a presença do suicida que é o primeiro a incorporar. Todo o grupo se mobiliza para envolver o pobre Espírito em vibrações amorosas e de alívio, e ele, bem mais aliviado, é levado para uma instituição socorrista na dimensão espiritual.

Terminada a sessão, alguns médiuns narram as impressões ou informações que puderam obter sobre o suicida que havia praticado aquele terrível ato havia mais de vinte anos. Sua programação para aquela reencarnação era para viver até os setenta e quatro ou setenta e cinco anos. Sendo assim, já havia esgotado a energia vital de seu corpo espiritual, já poderia despertar daquele medonho pesadelo no qual se encontrava mergulhado desde o ato extremo e recomeçar sua existência, que certamente seria muito difícil em razão dos estragos que fizera em seu próprio organismo espiritual.

Seu Rosalvo explica a alguns novatos que tais dificuldades não refletem castigos divinos, mas sim as reações de uma ação criminosa contra si mesmo, praticada no ato do suicídio.

CAPÍTULO 15

O boato

Obedecendo às ordens de Baruz, não foi difícil Lineu e Maranhão induzirem René a articular aquele boato comprometedor sobre Otávio. Muitos acreditaram, e as fofocas andam soltas dentro e fora da instituição.

Ainda sob o comando dos MBs, René prepara as cartas anônimas para enviar aos doadores do Viver, quando Diana chega a sua casa, acompanhada por Gideão e Dioguinho. Este se faz visível aos dois obsessores, que se afastam, irritados.

— Oi, Diana, que houve pra você me aparecer aqui a essa hora?

Diana não responde. Olha em torno e vê as cartas anônimas que René estava escrevendo. Apanha uma e lê. Balançando negativamente a cabeça, em gesto de desaprovação, diz:

— Você está passando dos limites... Isso não está certo.

— E você acha certo o que o Otávio fez, humilhando a gente daquele jeito?

— René, eu tenho pensado bastante ultimamente e me arrependido de muita coisa que temos feito de errado. No caso de que estamos falando, acho que o maior erro foi nosso. Nós faltamos com o devido respeito, não só para com o Otávio, mas com todo o grupo.

René anda de um lado para o outro, pensativo. Está mais receptivo com relação ao certo e ao errado, já que não está sofrendo a influência dos MBs. Finalmente, diz:

— Acho que você tem razão. Eu fiquei plantado em cima do meu ódio porque não queria admitir isso que você disse. – depois de um longo silêncio, continua: — Sabe, depois que fomos frequentar o Viver, às vezes eu me sinto como se tivesse dupla personalidade.

Ante o olhar interrogador de Diana, esclarece:

— É como se dentro de mim houvesse duas pessoas, uma procura se espelhar no Otávio e na Valéria, e a outra é cheia de maldade, é agressiva, é cínica... Não sei o que fazer.

— Pois eu sei o que é isso. Eu mesma me sinto assim. Tenho certeza de que são Espíritos inimigos da luz que estão nos usando para acabar com o Viver.

— Você acha?

— Tenho certeza. E nós temos nos prestado a isso, como crianças obedientes.

Eles não percebem, mas estão sendo fortemente influenciados por Gideão e Dioguinho, que os envolvem em vibrações de amor e paz, permitindo que surjam ideias mais adequadas em suas mentes.

No dia seguinte, René e Diana comparecem à reunião que foi convocada pelo grupo Viver. Estão presentes nove jovens dos mais atuantes e sempre presentes nas atividades da Casa. Depois da prece de abertura, na qual é solicitada a presença dos benfeitores espirituais e a inspiração necessária para solucionar os problemas surgidos, Valéria, portando uma pasta cheia de documentos, informa que a finalidade daquela reunião é a de esclarecer quaisquer interrogações ou dúvidas sobre o teor do boato que anda circulando na casa, mas antes que possa continuar, René, com expressão envergonhada, interrompe:

— Quem espalhou o boato fomos nós: Diana e eu.

Todos, menos Otávio que já desconfiava deles, ficam estupefatos. Diana abaixa a cabeça profundamente envergonhada e diz:

— Nós também fomos os culpados daquela carraspana do Otávio na festa de despedida do Carlos. Eu botei um "negócio" na bebida dele e... o resto todos sabem. A culpa foi toda minha.

Antes que os presentes comecem a externar seus sentimentos, René pede humildemente:

— Por favor, nos ouçam. Sei que o que fizemos foi horrível, não tem classificação, mas se vocês puderem nos perdoar... Se nos deixarem continuar aqui, isso nunca mais vai acontecer.

— René e eu conversamos muito ontem – explica Diana. — Nós chegamos à conclusão de que temos sido manipulados por Espíritos do mal. É claro que isso não é desculpa, nós fizemos muita besteira e muita maldade, mas vamos mudar. – procurando segurar as lágrimas que teimam em descer-lhe dos olhos, continua: —Você, Otávio, tem todo o direito de nos odiar, de nos botar para fora, mas pedimos que nos perdoe, e nos deixe ficar. Aqui, no grupo, nós temos condições de nos tornarmos pessoas melhores.

Os jovens olham uns para os outros em silêncio. Finalmente Otávio, com voz serena, diz:

— Por mim, estão perdoados. Acredito na sinceridade de vocês. Só o fato de terem vindo assim, "abrir o jogo", me faz crer que já estão mudando.

Todos os presentes, alguns sem muita convicção, dizem acreditar nos dois e aceitar que continuem no grupo.

Gideão e Dioguinho, que estavam presentes em sua invisibilidade, comemoram o "retorno dos filhos pródigos ao lar paterno".

Nas janelas, pelo lado de fora, os MBs olham uns para os outros, sem saber o que dizer. Finalmente, Maranhão fala:

— Não quero nem ver a cara do chefe quando contarmos isso a ele. Vai ficar furioso.

— Pra ser franca, não me importo muito que ele se aborreça ou não – diz MB-2. — Estou farta disso tudo.

Os companheiros olham para ela, estáticos. Eles também vêm observando mudanças sutis em seus próprios sentimentos e pensamentos, mas têm medo de confessá-las, até mesmo a si próprios.

— Querem saber? Acho melhor não dizermos nada ao chefe – diz finalmente Lineu. — Não estou a fim de sofrer castigos.

Os outros concordam e permanecem ali até o final da reunião, como se algo invisível, mas forte, os atraísse.

Antes de saírem da casa, René e Diana se aproximam de Valéria.

— Você poderia nos dar uma orientação? – pergunta Diana, e ante a aquiescência da jovem, continua — René e eu estamos convencidos de que temos sido "manipulados" por Espíritos obsessores. Tanto ele quanto eu temos consciência disso. Comigo acontece assim: de repente, eu sinto que o meu interior mudou, meu estado de espírito fica irritadiço, raivoso ou então maldoso, cínico e com vontade de "ferrar" alguém.

— Eu sinto a mesma coisa – diz René. — É como se eu tivesse dupla personalidade.

— Mas o que nós estamos precisando mesmo – conclui Diana — é de alguma orientação sobre o que fazer nesses momentos para nos livrarmos dessa "invasão" em nosso psiquismo.

Valéria sorri e explica:

— A melhor forma de nos libertarmos dessas "invasões" ou ações espirituais obsessivas é procurando manter uma frequência vibratória mais elevada, porque assim eles perdem a sintonia conosco.

— E como a gente faz isso? – pergunta René.

Sentindo-se feliz com o interesse evolutivo dos companheiros, Valéria responde:

— Nossa frequência vibratória se eleva sempre que oramos. A oração nos conecta aos planos vibratórios superiores. O mesmo acontece quando lemos ou escutamos mensagens de elevado teor espiritual, assim como as do evangelho e tantas outras. Mas o maior poder espiritual está no amor, ou seja, em desenvolver estados de espírito amorosos, procurar sentir amor nesses momentos, um amor universal, ou seja, por tudo e por todos.

— Até mesmo pelos obsessores? – interrompe René.

— Principalmente por eles, porque as vibrações de amor representam a mais poderosa e benéfica energia do universo. É uma energia que afasta as individualidades más e atrai as presenças boas, protetoras.

— Mas, Valéria – protesta René —, eu acho impossível a gente sentir amor por alguém que está querendo nos "ferrar".

Valéria faz uma expressão de quem concorda e explica:

—Você tem toda razão, mas evolução espiritual é assim mesmo, é ir transmutando o "homem velho" em "homem novo" e isso não se consegue assim de forma tão fácil, nem em um estalar de dedos. É como vencer um leão de hora em hora, mas com algum tempo começamos a perceber grandes e maravilhosas mudanças em nosso interior. Conseguimos olhar para as pessoas e sentir amor por elas, e não só pelas pessoas, mas por tudo. Isso é amor universal, a maior das conquistas para o Espírito. É maravilhoso porque nos sentimos leves, deixamos de carregar os pesos das desconfianças, das malquerenças, de procurar erros nos outros para esconder nossos próprios erros; deixamos de olhar a todos como sendo nossos rivais... Entenderam?

Os dois fazem gesto afirmativo com a cabeça e Diana pergunta:

— Como é que a gente faz isso que você falou: sentir amor?

— É só uma questão de treino. Vejamos: você tem alguém ou algo a quem ama com muito carinho? Pode até ser um animal ou alguma coisa que lhe desperta afeto, ternura...

Diana pensa um pouco antes de responder, meio acanhada:

—Tenho sim, é uma gatinha...

Ante o silêncio interrogativo dos dois, Diana vence o acanhamento e continua:

— Bem, ela é incrível... Eu sinto... eu sei que ela me ama de verdade, e sem qualquer interesse. Imaginem só, muitas vezes, quando me vê sentar na beira da cama ou numa cadeira, ela vem correndo, fica em pé, coloca uma das patinhas no meu joelho e a outra ela levanta na direção do meu rosto como a querer me acariciar. É um gesto que me comove...

— Que lindinha – diz Valéria, e continua: — Pois, então pense na sua gatinha, naquele gesto dela e se deixe envolver nesse sentimento de ternura, de afeto. Depois vá pensando com afeto e com gratidão no seu corpo desde os pés, até chegar à cabeça; sinta afeto pela roupa que está vestindo, pelos objetos no seu entorno, pelo local onde se encontra, e assim por diante, até que sinta que seu estado de espírito está afetuoso... Assim, não será difícil você sentir afeto pelos seus perseguidores espirituais, lembrando que eles também são filhos do mesmo Pai Criador, apenas em caminhos diferentes.

— Sei não – replica Diana, com ar de dúvida. — Isso é muito difícil... Acho que vou deixar para outra encarnação.

— Não é tão difícil assim – diz Valéria sentindo pena da companheira, das suas dificuldades evolutivas. — Muito mais difícil é vivermos manipulados pelos obsessores e fazendo coisas que podem comprometer todo o nosso futuro espiritual, incluindo nossas próximas encarnações.

Diana fica pensativa por instantes. Depois, pergunta:

— E você pode nos ajudar?

— Claro, Diana, sempre que precisar, no que eu puder... A você também René, se quiser.

— Eu vou querer sim – responde René, sentindo-se mais aliviado.

— Outra coisa – diz Valéria. — Se vocês tiverem dificuldade para sentir afeto pelos obsessores, ou mesmo por inimigos reencarnados, isto é compreensível. O importante é não terem raiva deles, nem qualquer outro sentimento negativo, para não abrirem suas defesas espirituais. Nesses momentos, apelem para a oração, peçam ajuda a Deus e aos benfeitores espirituais, que eles nunca nos deixam na mão.

Diana e René agradecem e se despedem de Valéria, sentindo que vibrações mais suaves lhes tocam a sensibilidade, acenando novas esperanças para seus caminhos futuros.

CAPÍTULO 16

O confronto

Seu Raimundinho, chegando à praça com seu tabuleiro de balas e doces, olha em torno e diz para si mesmo:

— Hoje num tem nem mermo esprito pra comprá meus bombom. Acho que vou tê que mudá de praça... – assustando-se — Ai, ai, ai... Lá vem os esprito ruim... não, é só a muié...

Fica observando MB-2 que se aproxima de uma árvore, recostando-se em seu tronco. O Emissário e Gideão também estão presentes, envolvendo a obsessora em vibrações de amor e de paz, mas seu Raimundinho não os vê.

— Que estranha sensação – murmura MB-2. — Nunca me senti assim. É como se um Emissário estivesse me abraçando.

Enquanto isso, Demétrius se aproxima, ficando um pouco atrás, sem coragem de se mostrar. Ele também não vê o Emissário nem Gideão. Num canto da praça, Maranhão e Lineu estão escondidos atrás de uma árvore, certamente com medo do chefe. Seu Raimundinho, preocupado, diz para si mesmo, enquanto vai saindo rapidamente do local:

— Eu sinto que vai tê briga de cachorro grande. Num vou ficá aqui não, pode sobrá é pra mim...

A obsessora fica um pouco em silêncio, a degustar a maravilhosa sensação que a envolve. Pensativa, fala para si mesma:

— Os teólogos discutem e discutem, e não chegam a qualquer conclusão. Acho que é por isso que tem tanta religião e tanto ateu. Eu acho que a religião precisa ser vivida, e não discutida. Olha só... eu dizendo isso. Mas a verdade é que alguma coisa mudou dentro de mim. É como se alguém no céu chorasse, e suas lágrimas lavassem minha alma – fica algum tempo de olhos fechados e o rosto voltado para o alto.

— Como pude chegar a descer tanto? Como pude chegar a ser uma pessoa tão insensível, cruel, perversa? – pergunta-se, surpreendida com as mudanças que vai observando em si mesma.

Realmente, MB-2 sente-se bastante mudada. Uma suave luz lhe ilumina o interior, levando-a a profundas reflexões:

— Foi o ódio que me atirou neste inferno, do qual nem sei como sair... Primeiro foi o ódio, depois a vingança com Baruz me assessorando. Depois... eu o acompanhava, porque não tinha para onde ir. Fui me contaminando com seu psiquismo cruel e acabei sob o seu domínio – suspira. — Precisei adormecer meus sentimentos, enterrá-los debaixo de camadas de ódio, de revolta e de maldade para poder sobreviver...

— E Demétrius? – pergunta de repente em voz alta. — Vejo tristeza em seus olhos. Qual será a sua história? Certamente, deve ter passado por muita dor e muitos desenganos.

Demétrius estremece, enquanto MB-2 continua:

— De onde o conheço? Em certo momento, eu vi em seus olhos aquele olhar que eu procuro há tanto tempo. Mas, onde?... quando?... Não sei. Nem mesmo me lembro do seu rosto. Também não é preciso, os rostos mudam de uma vida para outra.

Fica pensativa por alguns instantes e, com lágrimas nos olhos, exclama:

— Demétrius, meu amor... De que passado distante retornas para acender essa chama em meu coração?

Demétrius finalmente reconhece Sibelle... a sua Sibelle, seu grande amor... Fica sem fala, o coração parece que vai explodir, mas consegue aproximar-se dela, cambaleante, embriagado de emoção, exclamando:

— Sibelle... Você é a minha Sibelle...

Segurando-lhe as mãos com infinito carinho, diz suavemente:

— Procure lembrar-se, querida... Foi na Grécia. Lembra... o nosso amor foi maravilhoso, um pedaço de céu... nosso paraíso.

Sibelle fecha os olhos, baixa a cabeça, segurando-a com as mãos.

— Sim... estou me lembrando... estou me lembrando.

Levantando a cabeça, olha para Demétrius, demonstrando reconhecê-lo. A voz lhe engasga na garganta. Apenas consegue abrir os braços para um longo, saudoso e quase desesperado abraço.

— Por que se afastou de mim? – pergunta finalmente. — Por que nos perdemos um do outro, lá na Grécia?

Demétrius senta-se no chão, acomodando Sibelle em seus braços, acariciando-lhe suavemente o rosto. Só depois de algum tempo, responde:

— Depois que deixei o corpo físico naquela encarnação na Grécia, passei por experiências muito amargas e difíceis. Mas nós voltamos a nos encontrar na Espanha. Creio que você não tem lembrança daquela encarnação. Eu era Alfonso e você Rosália. Mas houve novamente um desfecho terrível... – suspirando longamente, continua: — Hoje, estou nas mãos dos inimigos da luz, nas mãos do Dragão... Sou um prisioneiro das sombras.

O Emissário e Gideão continuam envolvendo o casal em vibrações luminosas. Sibelle, desprendendo-se dos braços de Demétrius, fita-o intensamente, e diz:

— Eu também estou prisioneira desse submundo, meu querido, mas nós podemos sair dessa sombra.

— Isso não é possível, meu amor. Somos escravos deles e do nosso passado.

— Pois eu quero sair desse abismo – exclama Sibelle, angustiada, concluindo: — Quero limpar minha alma.

— Limpar tua alma? Sabes, querida, o que isto significa? Quantas reencarnações de resgate, de sofrimento. Quanta força interior será necessária para todos esses resgates? Nossas culpas são muitas... e muito graves...

— Nós somos fortes, Dêmi, e se o... se o Cristo nos permitir, a graça de ficarmos juntos... entende? Juntos seremos fortes... será mais fácil. E depois, só o fato de podermos ter esperança...

Demétrius levanta-se, dizendo em tom suave:

— Esperança... sim... esperança... – mas num arroubo, conclui: — Não... não posso. Jurei obediência ao Dragão.

Sibelle se ajoelha a seus pés e, segurando-lhe as mãos, suplica:

— Dêmi, meu amor... meu imenso amor... Como poderia viver sem ti, agora que me lembrei de tudo... Agora que te encontrei?

Antes que Demétrius possa responder, Baruz entra na praça e se aproxima furioso, dizendo, mordaz:

— Mas que cena mais patética, ridícula! – e olhando para Sibelle, com ar raivoso, continua:

— Quer dizer que você é a alma gêmea do Grande Psicólogo do Mal... Então, o amor está se infiltrando em nossas fileiras. O Dragão precisa saber disso.

Demétrius aproxima-se de Baruz, suplicante:

— Eu a encontrei Baruz... e com ela me voltou todo um passado distante, diferente. Não posso deixá-la!

Nisso, ouve-se uma voz cavernosa, tenebrosa, como se viesse das profundezas da terra. É a voz do Dragão, falando vagarosamente:

— Ninguém abandona as minhas hostes... Minha mente domina a tua, Demétrius. Tu nada podes fazer... És meu... És meu...

Demétrius aperta a cabeça com as mãos, estrebuchando, como se sentisse terrível agonia. Procura reagir à influência mental do Dragão, mas não consegue. Finalmente, depois de muito lutar, roja-se ao chão, diante de Baruz, exclamando:

— Eu obedeço... Eu obedeço...

Sibelle recua, chorando, sem saber o que fazer. Com o canto dos olhos observa que na dimensão material Diana, Valéria, Otávio e mais outros do grupo estão chegando à praça. Sem nada perceberem sobre o drama que se desenrola no mundo invisível, os jovens sentam-se perto de onde se encontram o Emissário, Gideão e Sibelle. Estão cansados.

— Que campanha mais fraca, essa de hoje – comenta Diana. — Olhem, só me deram uma caixa de fósforos e um pacote de macarrão.

Os outros também falam sobre o pouco que conseguiram arrecadar.

— Não sei como vamos fazer a sopa das crianças – diz Otávio, preocupado.

— Não se preocupe, Otávio – fala Valéria. — Eu vou pedir a meus pais para ajudarem. Aquelas crianças não podem ficar com fome.

Nesse momento, Baruz parte na direção de Sibelle, com ar ameaçador. Ela corre para junto dos jovens. Gideão se posta atrás de Otávio, irradiando energias luminosas sobre ele. O Emissário envolve a obsessora em sua luz, ajudando-a a sustentar sua decisão, e ela se ajoelha diante dos jovens, suplicando:

— Me ajudem, vocês que ajudam a todo mundo. Eu sei que já prejudiquei muito o trabalho de vocês, mas estou desesperada. Acho que vocês podem me perdoar... e me ajudar...

Sibelle, em desespero, continua a suplicar:

— Me ajudem, pelo amor de Deus!!!

Otávio percebe, pelas vias mediúnicas, a súplica de Sibelle, e diz aos companheiros:

— Alguém está pedindo ajuda...

— Eu não ouvi – diz Valéria.

Otávio, prestando mais atenção: — É coisa do mundo espiritual. Eu não sou vidente, mas às vezes consigo perceber alguma coisa.

Sibelle, observando que os jovens estão percebendo sua presença, continua, com um vislumbre de esperança no peito e lágrimas nos olhos:

— Pelo amor de Deus, me ajudem! Me ajudem...

Otávio, sentindo o desespero de Sibelle, diz:

— É voz de mulher... ela pede ajuda num tom muito desesperado. Precisamos ajudá-la.

— Que é que podemos fazer? – pergunta Diana.

— Podemos orar – responde Valéria.

— Aqui?... em plena praça?

— Caridade não escolhe lugar – diz Otávio que fecha os olhos, preparando-se para orar.

O Emissário e Gideão envolvem todo o grupo em vibrações divinais. Do alto começam a cair pequenos flocos luminosos sobre o grupo, desmanchando-se ao tocar em seus corpos, e conforme a oração se prolonga, os pequenos flocos de amor vão caindo sobre toda a praça. Otávio, ora:

— Senhor Jesus, nosso Mestre. Alguém está pedindo ajuda, e nós não temos como atender... por isso apelamos para Ti. Só Tu conheces as culpas e os merecimentos de cada um, os caminhos de espinhos ou de flores que semeamos para os nossos próprios passos...

Otávio, profundamente emocionado, sentindo a sublime presença do Emissário e a grandeza espiritual daquele momento, continua:

— Nós também, ó Mestre, já seguimos por atalhos perigosos que nos levaram aos abismos de sombra, de onde tua bondade nos retirou. Agora, alguém nos pede ajuda e nós, frágeis e imperfeitos que ainda somos, só podemos ajudá-la encaminhando-a a Ti. Que o Teu amor, puro e infinito, envolva esse Espírito...

Otávio silencia por alguns instantes e conclui:

— Nós Te agradecemos, Mestre dos mestres, e a entregamos a Ti. Assim seja.

Todos os jovens estão emocionados, pois também sentem a sublimidade do ambiente e daquele momento de redenção. Otávio comenta:

— Amigos, não existe qualquer satisfação terrena que se possa comparar com um prazer como esse que a gente sente quando tem oportunidade de ajudar alguém que está em grande sofrimento ou desespero, assim como esse Espírito que Deus nos permitiu auxiliar.

Todos concordam, felizes. Levantam-se e seguem para o Viver.

— Adense seu corpo espiritual para que ela o veja – diz o Emissário a Gideão. Este se coloca diante de Sibelle, e se concentra. A obsessora começa a vê-lo e se atira a seus pés.

— Graças a Deus! – exclama. — Obrigada, meu Deus... obrigada. – com imenso alívio, conclui: – Acho que Deus está me perdoando.

Baruz, seguido por alguns de seus acólitos, começa a se aproximar. Sibelle se levanta, assustada.

— Não temas, minha filha! Serás ajudada. – tranquiliza Gideão, e continua: — Ora comigo: "O Senhor é nosso pastor, nada nos faltará. Deitar-nos faz em verdes prados, guia-nos mansamente às águas tranquilas, refrigera nossas almas...".

Baruz para, em razão do poderoso campo que se formou em torno do pequeno grupo. Furioso, apanha uma espécie de apito que traz numa corrente no pescoço e sopra, ouvindo-se um som estranho, que repercute no ar, gerando eco em várias direções.

Sibelle, em grande aflição, exclama:

— Eles querem me arrastar de novo para a sombra!

— Não temas a sombra, ela é apenas ausência de luz – explica Gideão. — Todos os seres têm luz em sua essência espiritual, que é de origem divina. Só que essa luz ainda está adormecida dentro deles – olha amorosamente para os obsessores —, mas todos... todos, sem exceção, um dia despertarão e deixarão essa luz crescer e brilhar, iluminando por completo suas consciências.

Voltando o olhar para a obsessora, fala com o coração:

— Hoje é o teu dia, Sibelle... a tua hora de despertar. Deixa essa luz divina brilhar em tua mente e aquecer teu coração – segura-lhe as mãos. — Fica conosco, não temas.

Gideão faz um gesto e Dioguinho entra em cena, aproximando-se de Sibelle que consegue ver o filho. Ela tenta dizer algo, mas a voz não sai. Está profundamente emocionada. Abre os braços, enquanto lágrimas silenciosas lhe descem pelo rosto.

— Meu filho, meu filho... Que saudade... – consegue finalmente dizer. Dioguinho, também muito emocionado, abraça a mãe:

— Mãe, mãezinha... Finalmente você consegue me ver! Que Deus seja louvado!

Os dois permanecem assim abraçados por algum tempo. Dioguinho sai do abraço, mas continua segurando-lhe a mão:

— Graças a Deus, mãezinha, e graças ao Emissário e a Gideão, a senhora finalmente vai poder voltar ao caminho de retorno à casa do nosso Pai.

– Casa do nosso Pai? – estranha Sibelle.

– Sim, mãezinha. Lembra a parábola do filho pródigo, que foi contada por Jesus?

Sibelle demonstra não se lembrar e o filho continua:

— Ele disse que um jovem pediu ao pai para lhe dar sua parte na herança e saiu pelo mundo gastando tudo com farras e com tudo que tivesse vontade. Aí, quando o dinheiro acabou, ele passou pelas piores privações e humilhações até que, um dia, resolveu voltar e pedir ao pai para aceitá-lo como empregado da sua fazenda. Ali, ao menos teria o que comer e onde dormir. Mas o pai, muito saudoso, ao avistá-lo de longe, chamou os empregados e mandou que preparassem para ele uma bela festa, porque passara todos aqueles anos à espera que o filho retornasse ao lar.

— Que lindo!!! – Sibelle baixa a cabeça. — Só que eu, meu filho, cometi muitos crimes... Eu não sou digna de...

— O filho pródigo também fez muitas bobagens, mamãe, mas o pai o recebeu de braços abertos. Nosso Grande Pai também vai recebê-la de braços abertos.

Sob profunda emoção, Sibelle chora um pranto silencioso. Ouve-se a voz de Baruz:

— Muito bem, Demétrius. Vejo que és forte. És digno de estar conosco.

— Não, não – grita Sibelle, desesperada. — Dêmi, não fique com eles. Vem, vem comigo para a Luz... Nas sombras onde vivemos não há lugar para o amor e eu quero viver o nosso amor.

Demétrius tenta reagir às forças mentais que o dominam, mas não consegue. Sibelle, desesperada, mas convicta de que está tomando a única decisão que lhe cabe tomar, diz com a voz embargada pelas lágrimas:

— Eu vou com o Emissário, meu querido. Eu vou com o meu filho... Vou com eles para a luz.

Sibelle ainda espera ver seu amor desvencilhar-se do poder do mal, mas finalmente, triste e frustrada, diz:

— Sei, meu amor, que um dia também virás... Não importa quando, eu espero. Eu espero por ti meu querido... na Luz...

Demétrius sente-se tão fortemente tocado pelas palavras de Sibelle que consegue libertar-se da influência trevosa. Olha para Baruz com ódio e revolta:

— Volta para o inferno, tu Baruz. Não quero poder, não quero pompas. Nada no mundo vale o sacrifício do meu amor – olha para Sibelle, dizendo com voz suave: — Do nosso amor.

Novamente ouve-se a voz do Dragão:

— Tu és meu, Demétrius! Não conseguirás libertar tua mente do meu poder...

Demétrius leva as mãos à cabeça, gira em torno de si mesmo, estrebuchando. O Emissário e Gideão lhe enviam poderosa corrente energética. Sibelle, ajoelhada, com as mãos postas em silenciosa oração e as lágrimas a lhe escorrerem pelo rosto, suplica:

— Pensa no Cristo, Demétrius. Pede-lhe perdão por tuas faltas. – Demétrius vacila. — Depressa, meu amor! Peça ajuda ao Cristo.

Demétrius, em gesto resoluto, arranca a capa de MB que está vestindo e a atira aos pés de Baruz. Corre até o Emissário e se ajoelha à sua frente, em muda oração. Uma suave luz verde clara começa a iluminá-lo. Sibelle ajoelha-se a seu lado. Ficam de mãos dadas.

O Emissário coloca a mão sobre a cabeça de Demetrius, enquanto ordena:

— Fica livre, em nome do amor. E que o Pai de infinita misericórdia conduza vocês dois, dando sempre um norte seguro ao seu jornadear – faz sinal para que se levantem.

Dioguinho se aproxima e abraça a mãe, retirando-lhe a capa de MB, que deixa cair ao chão. Ao se afastarem do local, conduzidos por Gideão, sem que o percebam, seus pés vão pisando a capa em sutil simbolismo da escolha que haviam feito.

Furioso, Baruz segue o pequeno grupo, que já se encontra fora da crosta da Terra, na dimensão espiritual. Respondendo ao seu chamado, começam a surgir de todas as direções Espíritos mal encarados, que se colocam atrás do seu chefe. É um verdadeiro exército de malfeitores espirituais, pronto a atacar os da Luz. Junto com eles, como se estivessem sem rumo, caminham Maranhão e Lineu. Novamente a voz do Dragão ressoa, vinda das profundezas da Terra:

— Ataquem, ataquem os nossos inimigos! Eles são poucos e serão todos vencidos. Eu sou o Dragão, o poderoso. Ninguém me vencerá. Ataquem!

O pequeno grupo para. Gideão pede a Dioguinho para levar a mãe e Demétrius para determinada instituição na dimensão espiritual que irá acolhê-los.

Quando o exército trevoso parte para o ataque, o Emissário faz um gesto com a mão e abre-se um largo fosso entre os dois grupos. A cena é de uma grandeza indizível. De um lado do fosso, um exército de Espíritos malfeitores e, do outro, o Emissário, magnífico em sua postura divinal e em suas vestes que mais parecem luz materializada. Os estranhos símbolos da faixa prateada que traz na cabeça, prendendo-lhe os cabelos cor de ouro, emitem forte luminosidade em vários tons de verde. É uma luminosidade que conduz em sua intimidade as mais puras vibrações de amor e de paz.

O exército trevoso, que vinha fazendo barulho ensurdecedor, vai silenciando até se calar por completo, permitindo que a voz do Emissário seja ouvida a grandes distâncias. Este, num tom sereno e amoroso, fala:

— O tempo de vocês está chegando ao fim aqui na Terra, porque este planeta está em processo de transição para um modelo melhor. Nesse novo modelo, não haverá lugar para ódios, vinganças, violência, ganância, maldades e tudo que contraria as leis cósmicas, assentadas no amor e na justiça.

Os inimigos da luz, e até mesmo Baruz, acompanhado de Maranhão e Lineu, ouvem em absoluto silêncio. O Emissário continua:

— Por essa razão, em breve vocês estarão sendo exilados para algum mundo primitivo. Lá, não terão nem mesmo a quem atormentar, a não ser a si próprios, e o tempo será longo... muito longo. Serão muitos milênios até que possam retornar à Terra, desde que, naquele mundo, trabalhem pelo bem das comunidades primitivas, mudando assim suas vidas.

Faz pequena pausa, permitindo que todos possam assimilar o que foi dito, e continua:

— Que querem vocês ainda nessas regiões sombrias do mal, seguindo na contramão da evolução, fazendo outros sofrerem e sofrendo vocês também? As suas vidas não têm perspectivas. No caminho em que estão, não há luz no final do túnel, não há esperança, não há felicidade.

O Emissário olha para Gideão e este avança até a beira do fosso. Os inimigos da luz continuam em silêncio, mas muitos rostos vão perdendo um pouco da sua habitual ferocidade, assumindo expressões mais humanas. Gideão fala, com voz potente, mas amorosa:

— Vocês até já se esqueceram do imenso júbilo que nos dá o amor, da grandiosa certeza de caminhos luminosos à nossa frente, proporcionada pela fé. Já esqueceram como é divino o milagre do amor em nossos corações, como levanta o ânimo, nos fortalece, nos torna plenos, nos dá uma felicidade sobre-humana.

Amenizando mais a voz, continua:

— Procurem sentir a paz que está em nós neste momento. Procurem sentir o amor que vibra nos nossos sentimentos. Procurem sentir como isto é bom, como nos faz bem.

Enquanto fala, vão surgindo em torno dele Espíritos trazendo ramos de flores nas mãos. Estão vestidos com túnicas de cores claras, e todos trazem na cintura uma faixa de cor azul, bordada de pequenas estrelas que parecem ter luminosidade própria. Gideão continua:

— Vocês agora estão tendo a oportunidade de tomar um novo rumo em suas vidas. Talvez esta seja a última oportunidade que terão neste planeta. Todos que quiserem passar para o lado da luz serão recebidos agora pelos Mensageiros de Maria. A única coisa que precisam fazer é querer... basta querer.

Os Mensageiros atiram flores sobre o fosso, que se transformam em uma passarela luminosa. Gideão continua:

— Abram seus corações para o Mestre Jesus, porque Ele é a luz do nosso mundo. Deixem Seu amor invadir suas almas para que vocês possam atravessar o fosso. Aproveitem esta oportunidade única.

Nisso se ouve a voz do Dragão, gritando, furioso:

— Não se deixem enganar por esses mentirosos, eles querem é levar vocês para as torturas da reencarnação – e com voz ainda mais estertorosa: — Ataquem, ataquem!

Mas o Emissário se concentra e sua luminosidade vai se tornando mais forte, abrangendo todo o ambiente. Do alto, procedente de altas esferas de amor, uma sublime música se faz ouvir. É a Ave-Maria de Gounod, tocada por dedos angelicais, em harpas de magnífica e suave sonoridade, suscitando desconhecidas emoções na intimidade espiritual de todos, inclusive de Baruz e de seus asseclas. Os "rugidos" do Dragão silenciam enquanto a divina música vai percorrendo o ambiente.

Procedente do espaço infinito, aparece uma luz azul celeste que se aproxima e dela surge a figura radiosa de Maria, bela, meiga, amorosa, verdadeiramente MÃE.

Chega junto ao fosso e, ao vê-la assim, tão próxima, sentindo sua presença tão divinal a estender as mãos num silencioso gesto de convite, os comandados de Baruz, com poucas exceções, se põem de joelhos, chorando grossas lágrimas que vão lhes lavando a alma. Aos poucos, vão se erguendo e, um por um, atravessam o fosso pela passarela de luz. Os primeiros a atravessar são Maranhão e Lineu. Todos são recebidos pelos Mensageiros de Maria e encaminhados para instituições na dimensão espiritual, onde iniciarão novas etapas, desta vez mais luminosas, em seu jornadear.

Depois que todos terminam de atravessar o fosso e de serem devidamente encaminhados, a figura divinal de Maria, assim como a do Emissário e de Gideão, vão se dissipando, permanecendo apenas a luminosidade da sua presença, que deverá perdurar ainda por várias horas, a indicar que mais uma vez o amor venceu e a luz desfez as trevas, atraindo e conduzindo inúmeros corações ao caminho de retorno à Casa do Pai.

Fim

Obras de Saara Nouisiainen

Nós e o Mundo Espiritual

11 x 15 | 208 Pág.

Tudo sobre o mundo espiritual e seu interrelacionamento conosco, nos milenares processos evolutivos do ser humano e da vida.

Mundo Espiritual

14 x 21 | 256 Pág.

Aqui, a autora aborda diversos temas relacionados à Doutrina Espírita, utilizando o método de perguntas e respostas. Nela, o leitor tirará suas dúvidas sobre questões como: reencarnação, leis divinas, obsessão, mediunidade, expiação, conflitos familiares, etc., e o inevitável intercâmbio entre os mundos material e espiritual.

Um Forró no Umbral

16 x 23 | 256 Pág.

Com seu estilo leve e agradável, por vezes divertido, a autora traz na trama desses enredos verdades profundas que geralmente não são percebidas no cotidiano. Com 24 contos em que se combinam lições de vida e emoções.

Obras de Nelson Moraes

Um Roqueiro no Além

14 x 21 | 128 Pág.

Roqueiro famoso, surpreendido pela morte prematura causada pelo uso abusivo de álcool e de drogas, se vê diante de uma realidade que jamais imaginara. Propagador da libertade incondicial, submetido à lei de causa e efeito, se viu preso à sepultura durante longo período.

Há Dez Mil Anos

14 x 21 | 160 Pág.

Esta obra reúne relatos de lembranças de uma vida passada pelo Espírito Zílio.

Magnetismo

14 x 21 | 128 Pág.

Este livro contém uma abordagem esclarecedora sobre as variedades do Magnetismo intrínseco à natureza humana. Contém valiosos esclarecimentos que irão auxiliar o leitor a desenvolvê-lo e aplicá-lo como ferramenta para o sucesso e para a felicidade.

Respostas que a Vida Dá

14 x 21 | 224 Pág.

Nesta importante e inspirada obra, Nelson Moraes traz várias respostas às indagações que inquietam e desafiam a mente humana. São experiências coletadas nos acontecimentos cotidianos, fruto de suas pesquisas e de seu duradouro trabalho dedicado à seara espírita.

Lançamento

Tamanho: 16x23 | Páginas: 224

Roberto de Carvalho

pelo Espírito Casimiro

Envolvido por fenômenos mediúnicos desde a infância, Casimiro se sente responsável por infortúnios que ocorrem no seio familiar, inclusive o desencarne de sua mãe. Órfão aos oito anos e abandonado pelo pai, torna-se uma pessoa cética e materialista, buscando no enriquecimento financeiro a compensação pelas perdas afetivas.

Tamanho: 16x23 | Páginas: 352

Dario Sandri Jr.

pelo *Espírito Fénelon*

Três homens, uma mulher. Quatro vidas, quatro continentes, um mesmo objetivo. Sonhos que relembram o passado. O que acontece quando almas em luta se encontram na busca da paixão? O esquecimento é suficiente para apagar velhos ódios? Em oitocentos anos de guerras, traições e amores, quem será realmente a vítima?